Daniel Auner

Die Einkommensverteilung in West- und Ostdeutschland

Ist die Angleichung schon erfolgt?

Bachelor + Master
Publishing

Auner, Daniel: Die Einkommensverteilung in West- und Ostdeutschland: Ist die Angleichung schon erfolgt?, Hamburg, Diplomica Verlag GmbH 2012
Originaltitel der Abschlussarbeit: Vergleich und Entwicklung der Einkommensverteilung in West- und Ostdeutschland

ISBN: 978-3-86341-199-2
Druck: Bachelor + Master Publishing, ein Imprint der Diplomica® Verlag GmbH, Hamburg, 2012
Zugl. Friedrich-Alexander-Universität Erlangen-Nürnberg, Erlangen, Deutschland, Bachelorarbeit, 2011

Bibliografische Information der Deutschen Nationalbibliothek:
Die Deutsche Nationalbibliothek verzeichnet diese Publikation in der Deutschen Nationalbibliografie;
detaillierte bibliografische Daten sind im Internet über http://dnb.d-nb.de abrufbar.

Die digitale Ausgabe (eBook-Ausgabe) dieses Titels trägt die ISBN 978-3-86341-699-7 und kann über den Handel oder den Verlag bezogen werden.

Dieses Werk ist urheberrechtlich geschützt. Die dadurch begründeten Rechte, insbesondere die der Übersetzung, des Nachdrucks, des Vortrags, der Entnahme von Abbildungen und Tabellen, der Funksendung, der Mikroverfilmung oder der Vervielfältigung auf anderen Wegen und der Speicherung in Datenverarbeitungsanlagen, bleiben, auch bei nur auszugsweiser Verwertung, vorbehalten. Eine Vervielfältigung dieses Werkes oder von Teilen dieses Werkes ist auch im Einzelfall nur in den Grenzen der gesetzlichen Bestimmungen des Urheberrechtsgesetzes der Bundesrepublik Deutschland in der jeweils geltenden Fassung zulässig. Sie ist grundsätzlich vergütungspflichtig. Zuwiderhandlungen unterliegen den Strafbestimmungen des Urheberrechtes.

Die Wiedergabe von Gebrauchsnamen, Handelsnamen, Warenbezeichnungen usw. in diesem Werk berechtigt auch ohne besondere Kennzeichnung nicht zu der Annahme, dass solche Namen im Sinne der Warenzeichen- und Markenschutz-Gesetzgebung als frei zu betrachten wären und daher von jedermann benutzt werden dürften.

Die Informationen in diesem Werk wurden mit Sorgfalt erarbeitet. Dennoch können Fehler nicht vollständig ausgeschlossen werden, und die Diplomarbeiten Agentur, die Autoren oder Übersetzer übernehmen keine juristische Verantwortung oder irgendeine Haftung für evtl. verbliebene fehlerhafte Angaben und deren Folgen.

© Bachelor + Master Publishing, ein Imprint der Diplomica® Verlag GmbH
http://www.diplom.de, Hamburg 2012
Printed in Germany

Inhaltsverzeichnis

1	**Einleitung**	**4**
2	**Die Entwicklung des Einkommensniveaus seit dem Mauerfall bis heute**	**5**
2.1	Definition der unterschiedlichen Einkommensarten	5
2.2	Entwicklung des Einkommensniveaus im Vergleich zwischen West- und Ostdeutschland	7
2.3	Vergleich und Entwicklung auf Bundesländerebene	18
2.4	Erklärungsansätze für die Unterschiede der Einkommensniveaus zwischen West- und Ostdeutschland	19
3	**Die Analyse der Einkommensverteilung**	**24**
3.1	Maße für Einkommensungleichverteilungen	24
3.2	Entwicklung der Einkommensverteilung im Vergleich zwischen West- und Ostdeutschland	25
3.3	Gründe für die Einkommensungleichverteilung zwischen den alten und den neuen Bundesländern	34
4	**Fazit und Ausblick**	**37**
	Literatur	**39**

Abbildungsverzeichnis

1 Zeitliche Entwicklung der Bruttojahreslöhne pro Arbeitnehmer von 1991 bis 2010; in Euro 8
2 Tarifbindung von Beschäftigten und Betrieben im Vergleich zwischen Ost- und Westdeutschland im Zeitraum von 1998-2009; in % 13
3 Relative Entwicklung der durchschnittlichen Markt- und Haushaltsnettoeinkommen in Ostdeutschland[1] 15
4 Gesamteinkommen nach Einkommensarten und Dezilen in West- und Ostdeutschland im Jahr 2007 32

Tabellenverzeichnis

1 Lohnzuwachsraten der Bruttojahreslöhne im Vergleich zum Vorjahr pro Arbeitnehmer im Zeitraum von 1992 bis 2010; in % 9
2 Entwicklung und Angleichungsprozess des durchschnittlichen Bruttostundenlohnes in West- und Ostdeutschland; in Euro 10
3 Effektivlöhne und Tariflöhne - ein Vergleich zwischen West- und Ostdeutschland im Zeitverlauf von 1991-2010 12
4 Durchschnittliches Marktäquivalenzeinkommen sowie äquivalenzgewichtetes Haushaltsnettoeinkommen von 1991-2007; real in Euro[2] 14
5 Angleichungsprozess von Ost- und Westdeutschland anhand verschiedener Einkommensmaße im Zeitverlauf 17
6 Durchschnittliche Bruttojahreslöhne in den jeweils einkommensstärksten/-schwächsten ost- und westdeutschen Bundesländern; in Euro 18
7 Anteil Vollzeitbeschäftigter in % und Höhe des Bruttomonatsentgelts nach verschiedenen Leistungsgruppen 21
8 Anteil Vollzeit-/ bzw. sozialversicherungspflichtig Beschäftigter und durchschnittliches Bruttomonatseinkommen nach Betriebsgrößenklassen 23
9 Verteilung des Marktäquivalenzeinkommens anhand ausgewählter Verteilungsmaße 26
10 Verteilung der Marktäquivalenzeinkommen auf die einzelnen Dezile ... 27
11 Verteilung des äquivalenzgewichteten Haushaltsnettoeinkommens anhand ausgewählter Verteilungsmaße 28
12 Verteilung der äquivalenzgewichteten Haushaltsnettoeinkommen auf die einzelnen Dezile 30

1 Einleitung

Mit dem Fall der innerdeutschen Mauer am 09. November 1989 erfolgte eine Vereinigung von der BRD und der DDR auf Bundesebene. Gleichzeitig war die territoriale Wiedervereinigung Deutschlands der Grundbaustein für eine wirtschaftliche Wiedervereinigung zwischen West- und Ostdeutschland. Mit dem Vertrag über die Wirtschafts-, Währungs- und Sozialunion, unterzeichnet am 18. Mai 1990 und in Kraft getreten am 01. Juli 1990 (Smolny, W. 2004; S. 6), ist somit eine Grundlage geschaffen worden, die wirtschaftliche Vereinigung zwischen West- und Ostdeutschland in Gang zu setzen. In diesem Vertrag wurde unter anderem eine einheitliche bundesdeutsche Währung, die Deutsche Mark, festgelegt. Bedingt durch die Währungsumstellung brach die deutsche Wirtschaft, insbesondere in Ostdeutschland, fast völlig zusammen (Wagner, J. 2007; S. 31). Den Grund für diesen Zusammenbruch sieht Wagner, J. (2007; S. 31) in dem, zum Zeitpunkt der Wiedervereinigung, schlechten Zustand der ostdeutschen Wirtschaft, sowie in der 1:1 Währungsumstellung. Diese Umstellung hatte zur Folge, dass die Wettbewerbsfähigkeit der ostdeutschen Industrie zum Zeitpunkt der Wiedervereinigung fast nicht mehr vorhanden war (Smolny, W. 2004; S. 6f) und sowohl die Nachfrage, als auch die Produktion ostdeutscher Produkte stark zurückging. Nach Smolny, W. (2004; S. 8) waren allerdings die besten Voraussetzungen für einen schnellen wirtschaftlichen Aufholprozess gegeben. Die Grundlage für diesen Aufholprozess stellte neben soliden politischen Rahmenbedingungen, eine nach der Wirtschafts-, Währungs- und Sozialunion einheitliche Währung dar. Desweiteren wurde Ostdeutschland durch die Wiedervereinigung mit Westdeutschland stärker in die internationale Wirtschaft eingebunden als vor der Vereinigung. Diese günstigen Rahmenbedingungen bildeten die Grundlage für enorme Investitionen in die ostdeutsche Wirtschaft. Die Investitionsquote Ostdeutschlands überstieg damit Anfang der 90er Jahre die Investitionsquote Westdeutschlands um mehr als das Doppelte. Neben dem Ausbau der öffentlichen Infrastruktur wurden auch fortschrittlichere Technologien importiert (Smolny, W. 2004; S. 8f). Außerdem wurde der wirtschaftliche Wiederaufbau Ostdeutschlands durch staatliche Zuschüsse zusätzlich vorangetrieben.

Auch aus politischer Sicht ist die Wiedervereinigung ein großer Erfolg gewesen. So verging ab dem Zeitpunkt der Öffnung der Grenzen am 09. November 1989, bis zum Beitritt der DDR zur Bundesrepublik Deutschland am 03. Oktober 1990 noch nicht einmal ein Jahr (Smolny, W. 2004; S.5f). Ein politisches Ziel der Bundesrepublik Deutschland nach der Wiedervereinigung war zum einen die Angleichung ostdeutscher Lebensverhältnisse und zum Anderen die Angleichung der Einkommenshöhe an das westdeutsche Niveau (Gernandt, J. / Pfeiffer, F. 2007; S. 1). Mehr als 20 Jahre später lässt sich erkennen, dass dieser Angleichungsprozess zwar schon Erfolge zu Gunsten des Ostens erzielen konnte, die Höhe des Einkommens der ostdeutschen Bevölkerung aber weiterhin deutlich unter der Höhe des Einkommens der westdeutschen Bevölkerung liegt. Diese Tatsache bedingt eine nähere wissenschaftliche Auseinandersetzung mit dieser Problematik.

Die Zielsetzung dieser Arbeit besteht daher aus der Analyse der unterschiedlichen Einkommensniveaus und der Einkommensverteilungen im Vergleich zwischen West- und Ostdeutschland, der Entwicklung bzw. Angleichung der Löhne und die für die Entwicklung verantwortlichen Ursachen und Gründe der Lohndispersion. Am Ende dieser Arbeit soll ein Fazit gezogen und ein Ausblick für die Zukunft aufgezeigt werden, welcher insbesondere auch politische Handlungsbedarfe thematisiert.

2 Die Entwicklung des Einkommensniveaus seit dem Mauerfall bis heute

Vor dem Hintergrund der unterschiedlichen wirtschaftlichen Voraussetzungen zum Zeitpunkt der Wiedervereinigung von West- und Ostdeutschland, soll in diesem Kapitel die Entwicklung des Einkommensniveaus im Vergleich zwischen West- und Ostdeutschland seit dem Mauerfall bis heute analysiert werden. Hierbei ist insbesondere interessant zu beobachten, wie sich das Einkommensniveau in Westdeutschland auf der einen Seite und das Einkommensniveau in Ostdeutschland auf der anderen Seite entwickelt hat. Unter dem Begriff „Einkommensniveau" soll die in Geldeinheiten ausgedrückte Höhe des Arbeitsentgelts bzw. des Lohnes verstanden werden. Auf den Begriff „Einkommen" sowie auf die Betrachtung der unterschiedlichen Einkommensarten wird im nächsten Kapitel näher eingegangen.

2.1 Definition der unterschiedlichen Einkommensarten

Eine Abgrenzung des Begriffs „Einkommen", sowie die Festlegung unterschiedlicher Maße mit denen die Höhe des Einkommens ausgedrückt werden kann, ist insofern relevant, als dass in der Literatur unterschiedliche Einkommensmaße zur Analyse und Entwicklung des Einkommensniveaus herangezogen werden. Der Begriff „Einkommen" wird in dieser Arbeit als Lohn bzw. Gehalt verstanden, das eine natürliche Person aufgrund der geleisteten abhängigen oder selbständigen Arbeit bezieht[1]. Das so definierte Einkommen ist also mit dem Begriff des Lohnes bzw. des Gehaltes gleichzusetzen und wird in dieser Arbeit auch synonym verwendet. Weiterhin sollen die nachfolgend genannten Einkommensmaße eine Abgrenzung des Begriffs Einkommen, wie er in dieser Arbeit verwendet wird, liefern. In der Literatur werden häufig folgende Einkommensmaße unterschieden:

---

[1] eigene Definition des Begriffs Einkommen

- Bruttolohn

- Marktäquivalenzeinkommen

- äquivalenzgewichtetes Haushaltsnettoeinkommen

- Tarif- und Effektivlohn

Das am häufigsten verwendete Maß zur Analyse des Einkommensniveaus stellt der Bruttolohn, insbesondere der Bruttojahreslohn dar. Der Bruttojahreslohn bezeichnet das Einkommen, das ein Angestellter vor Abzug von Steuern und Sozialabgaben im ganzen Jahr erhält. Der Bruttolohn bzw. Bruttojahreslohn wird insbesondere von Bäcker, G. / Jansen, A. (2009) als Maß zur Analyse der Entwicklung des Einkommensniveaus herangezogen.

Ein weiteres Maß ist das so genannte Marktäquivalenzeinkommen. Das Marktäquivalenzeinkommen berechnet sich aus dem Markteinkommen der Haushalte, sowie einer Äquivalenzgewichtung. Das Markteinkommen der Haushalte berücksichtigt Einkommen aus abhängiger, sowie selbständiger Erwerbstätigkeit, als auch Vermögen, sowie privater Transfers aller Haushaltsmitglieder. Die Arbeitgeberbeiträge zur Sozialversicherung werden allerdings nicht zu den Einkommen aus nichtselbständiger Tätigkeit dazugerechnet. Da das Markteinkommen der Haushalte das Einkommen eines gesamten Haushaltes darstellt, wird dieses noch mit Hilfe einer Äquivalenzgewichtung auf die einzelnen Haushaltsmitglieder herunter gerechnet. Die Äquivalenzgewichtung erfolgt mit Hilfe der neuen OECD-Skala. Dabei erhält der Hauptbezieher des Einkommens einen Gewichtungsfaktor von 1. Alle weiteren Personen im Haushalt, die 15 Jahre oder älter sind, bekommen einen Gewichtungsfaktor von 0,5 und Kinder unter 15 Jahren erhalten einen Gewichtungsfaktor von 0,3. Das Markteinkommen der Haushalte wird also nicht durch die Anzahl der Haushaltsmitglieder geteilt, sondern durch einen gewichteten Anteil der einzelnen Haushaltsmitglieder. Durch diese Gewichtung können Mehrpersonenhaushalte mit Einpersonenhaushalten verglichen werden, da die Gewichtung unter anderem die unterschiedlichen Bedürfnisse von Erwachsenen und Kindern berücksichtigt (Sachverständigenrat 2009; S. 310f).

Ähnlich dem Marktäquivalenzeinkommen setzt sich das äquivalenzgewichtete Haushaltsnettoeinkommen aus dem Haushaltsnettoeinkommen und der im vorherigen Absatz beschriebenen Äquivalenzgewichtung zusammen. Will man das Haushaltsnettoeinkommen berechnen, dann zieht man vom Markteinkommen der Haushalte die Einkommenssteuer, sowie die Pflichtbeiträge zur Sozialversicherung der Arbeitnehmer ab und addiert die Renten aus der gesetzlichen Rentenversicherung und vorhandene staatliche Transferleistungen dazu. Anschließend wird das Haushaltsnettoeinkommen wieder mit der Äquivalenzgewichtung der neuen OECD-Skala gewichtet (Sachverständigenrat 2009; S. 310f).

Das Marktäquivalenzeinkommen, sowie das äquivalenzgewichtete Haushaltsnettoeinkommen, dienen zum Beispiel dem Sachverständigenrat (2009) als Maß für die Entwicklung der Höhe des Einkommens und seiner Verteilung in West- und Ostdeutschland.
Zuletzt soll noch der Tariflohn und der damit verbundene Effektivlohn betrachtet werden. Laut Schnabel, C. (1997; S. 63f) ist der Prozess der Lohnfindung in Deutschland rechtlich im Prinzip der Tarifautonomie verankert. Das bedeutet, das Zusammenschlüsse von Arbeitgebern, auch Arbeitgeberverbände genannt, sowie unabhängige Gewerkschaften, welche sich aus abhängig Beschäftigten zusammensetzen, selbständig diverse Arbeitsbedingungen regeln, ohne das der Staat sich in diese Angelegenheit einmischen muss. Ein Hauptbestandteil dieser Verhandlungen beschäftigt sich mit der Festlegung der Höhe der Löhne bzw. Gehälter. Können sich die beiden Parteien, also Arbeitgeberverbände auf der einen Seite und Gewerkschaften auf der anderen Seite, einigen, so schließen diese einen Tarifvertrag ab. Da dieser Vertrag schriftlich geschlossen wird, verpflichtet er beide Parteien dazu, sich an seine Inhalte zu halten. Der in einem Tarifvertrag festgeschriebene (mindest-)Lohn wird somit als Tariflohn bezeichnet[2]. Unter dem Begriff „Effektivlohn" wird der Lohn verstanden, der zusätzlich zu dem, durch den Tarifvertrag geregelten, Tariflohn gezahlt wird und entspricht in seiner Höhe eigentlich dem Bruttolohn. In der Literatur wird der Effektivlohn häufig auch als übertarifliche Bezahlung bezeichnet (vgl. Schnabel, C. (1997; S. 131)). Das Wirtschafts- und Sozialwissenschaftliche Institut in der Hans-Böckler-Stiftung (WSI) ist im Folgenden die Grundlage für die Analyse der Entwicklung der Tariflöhne und der Tarifbindung in West- und Ostdeutschland.

2.2 Entwicklung des Einkommensniveaus im Vergleich zwischen West- und Ostdeutschland

Nach der Festlegung der verschiedenen Maße mit denen das Einkommensniveau gemessen und analysiert werden kann, soll nun in diesem Kapitel die Entwicklung des Einkommensniveaus im Vordergrund stehen. Anhand Abbildung 1 soll die Entwicklung der Bruttojahreslöhne nun näher betrachtet werden. An dieser Stelle ist anzumerken, dass sowohl bei der Entwicklung der durchschnittlichen Bruttojahreslöhne und der durchschnittlichen Bruttostundenlöhne jeweils Berlin zu den alten Bundesländern dazugerechnet wurde. Aufgrund der vergleichsweise hohen durchschnittlichen Löhne innerhalb Berlins, fällt es kaum merklich ins Gewicht Berlin zu den alten Bundesländern dazu zu zählen. Allerdings würde es die Daten erheblich verändern, würde man Berlin zu den neuen Bundesländern hinzurechnen.

---

[2]an dieser Stelle wird auf eine nähere Diversifikation von Tarifverträgen verzichtet

Abbildung 1: Zeitliche Entwicklung der Bruttojahreslöhne pro Arbeitnehmer von 1991 bis 2010; in Euro

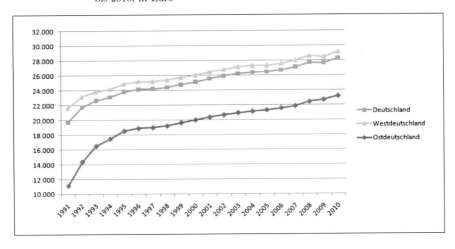

Quelle: Volkswirtschaftliche Gesamtrechnungen der Länder (2010); Eigene Darstellung nach der Vorlage von Bäcker, G. / Jansen, A. (2009; S. 20)

Schon auf den ersten Blick wird deutlich, dass die durchschnittlichen Bruttojahreslöhne der Ostdeutschen erheblich unter denen der Westdeutschen liegen. Betrachtet man diese Abbildung genauer, kann man allerdings erkennen, dass sich die durchschnittlichen Bruttojahreslöhne der Ostdeutschen seit 1991 bis 2010 mehr als verdoppelt haben. So betrug 1991 der Bruttojahreslohn der Ostdeutschen im Durchschnitt lediglich 11.097 Euro, während er im Jahr 2010 schon auf 23.211 Euro angestiegen war. Auf der anderen Seite stiegen die durchschnittlichen Bruttojahreslöhne der Westdeutschen im gleichen Beobachtungszeitraum lediglich um knapp 35 % an. Im Jahr 1991 lagen die Bruttojahreslöhne der Westdeutschen bei 21.626 Euro, knapp 20 Jahre später dann durchschnittlich bei 29.142 Euro. Bedingt durch den wirtschaftlichen Aufschwung stiegen vor allem bis Mitte der 90er Jahre die durchschnittlichen Bruttojahreslöhne, insbesondere in Ostdeutschland, stark an. So lagen sie dort im Jahr 1995 bei 18.523 Euro, was eine absolute Lohnniveausteigerung im Vergleich zum Jahr 1991 von ca. 67 % ausmacht. Im gleichen Zeitraum stiegen die durchschnittlichen Bruttojahreslöhne der Westdeutschen absolut nur um ca. 15 % an.

Vergleicht man jetzt Ost- und Westdeutschland miteinander so zeigt sich, dass die durchschnittlichen Bruttojahreslöhne der Ostdeutschen im Jahr 1991 lediglich 51,3 % der durchschnittlichen Bruttojahreslöhne der Westdeutschen ausmachten. Dieser vergleichsweise geringe Prozentsatz stieg dann im Zeitverlauf bis zum Jahr 1995 auf 74,5 % des Westniveaus an und erreichte im Jahr 2010 einen Wert von 79,6 %. Man kann also feststellen, dass insbesondere bis Mitte der 90er Jahre ein starker Angleichungsprozess der durchschnittlichen Bruttojahreslöhne der Ostdeutschen an das westdeutsche Niveau stattgefunden hat. Dieser Prozess der Angleichung ist jedoch nach 1995 nahezu zum Stillstand gekommen.

Tabelle 1: Lohnzuwachsraten der Bruttojahreslöhne im Vergleich zum Vorjahr pro Arbeitnehmer im Zeitraum von 1992 bis 2010; in %

Jahr	Lohnzuwachsrate Ostdeutschland	Lohnzuwachsrate Westdeutschland	Differenz Lohnzuwachsraten
1992	29,2	7,0	22,2
1993	14,8	2,9	11,9
1994	6,1	1,5	4,5
1995	6,1	2,8	3,3
2000	1,9	1,2	0,6
2005	0,8	0,2	0,7
2009	1,2	-0,4	1,6
2010	2,2	2,3	-0,1

Quelle: Volkswirtschaftliche Gesamtrechnungen der Länder (2010); Eigene Darstellung und Berechnung

Tabelle 1 soll darüber hinaus verdeutlichen, wie sich die durchschnittlichen Bruttojahreslöhne in West- und in Ostdeutschland im Zeitverlauf prozentual entwickelt haben. Hier zeigt sich, dass vor allem bis 1995 die durchschnittlichen Bruttojahreslöhne der Ostdeutschen verglichen mit denen der Westdeutschen sehr stark angestiegen sind. Allein im Jahr 1992 stiegen die Bruttojahreslöhne der Ostdeutschen um 29,2 % im Vergleich zum Vorjahr an. Diese Steigerung ist sehr viel deutlicher ausgeprägt als in Westdeutschland, wo dieser Wert nur bei 7 % lag. Auch in den Jahren nach 1991 war die prozentuale Steigerung der Bruttojahreslöhne in Ostdeutschland, bedingt durch den wirtschaftlichen Aufschwung, sehr viel höher als in Westdeutschland. Betrachtet man die durchschnittliche jährliche Wachstumsrate zwischen 1991 und 1995, so lag diese in Ostdeutschland bei 13,7 % und in Westdeutschland bei 3,5 %[3]. Nach dem Jahr 1995, in dem die prozentuale Lohnzuwachsrate Ostdeutschlands noch 3,7 Prozentpunkte oberhalb der prozentualen Lohnzuwachsrate von Westdeutschland lag, kann man sagen, dass diese Differenz im weiteren Zeitverlauf stetig abgenommen hat. Nach einem kurzen Anstieg der Differenz der

---

[3]Zur Berechnung der durchschnittlichen jährlichen Wachstumsraten wurde üblicherweise das geometrische Mittel benutzt

Lohnzuwachsraten im Jahr 2009 verglichen mit dem Jahr 2008 von 1,6 Prozentpunkten, war sie jedoch im Jahr 2010 verglichen mit dem Jahr 2009 mit -0,1 Prozentpunkten sogar leicht negativ. Wie auch schon bei der absoluten Entwicklung der Bruttojahreslöhne, kann man auch bei den prozentualen Zuwachsraten der Bruttojahreslöhne im Vergleich zum Vorjahr erkennen, dass eine gewisse Annäherung an das westdeutsche Niveau stattgefunden hat, jedoch im Zeitverlauf immer langsamer vorangeschritten und im Jahr 2010 sogar leicht rückläufig war.

An dieser Stelle soll noch kurz auf die Entwicklung der durchschnittlichen Bruttostundenlöhne eingegangen werden, da sich die Höhe des Anpassungsgrades von Ost- zu Westdeutschland gegenüber den Bruttojahreslöhnen unterscheidet. Die Entwicklung der durchschnittlichen Bruttostundenlöhne kann man der Tabelle 2 entnehmen[4].

Tabelle 2: Entwicklung und Angleichungsprozess des durchschnittlichen Bruttostundenlohnes in West- und Ostdeutschland; in Euro

Jahr	West-deutschland	Ost-deutschland	Verhältnis Ost/West in %
1998	18,21	12,44	68
1999	18,57	12,87	69
2000	19,04	13,36	70
2001	19,51	13,79	71
2002	19,86	14,20	72
2003	20,18	14,50	72
2004	20,22	14,67	73
2005	20,39	14,90	73
2006	20,59	15,16	74
2007	20,83	15,51	74
2008	21,33	15,96	75
2009	21,93	16,59	76
2010	21,91	16,58	76

Quelle: Volkswirtschaftliche Gesamtrechnungen der Länder (2010); Eigene Darstellung und Berechnung

Auch hier zeigt sich, dass die durchschnittlichen Bruttostundenlöhne in Ostdeutschland im Zeitverlauf schneller angestiegen sind als in Westdeutschland und dass eine gewisse Angleichung an das westliche Bruttostundenlohnniveau stattgefunden hat. Allerdings unterscheidet sich die Höhe des prozentualen Verhältnisses von ost- zu westdeutschen Bruttostundenlöhnen im Vergleich zu den Bruttojahreslöhnen. Machten die

---

[4]Die Volkswirtschaftlichen Gesamtrechnungen der Länder weisen diese Entwicklung erst ab dem Jahr 1998 aus.

durchschnittlichen Bruttojahreslöhne der Ostdeutschen im Jahr 2010 ca. 80 % der durchschnittlichen Bruttojahreslöhne der Westdeutschen aus, so liegt dieses Verhältnis bei den durchschnittlichen Bruttostundenlöhnen im Jahr 2010 bei ca. 76 %. Dieser prozentual höhere Grad der Angleichung der Bruttojahreslöhne im Vergleich zur Angleichung der Bruttostundenlöhne ist über den gesamten Beobachtungszeitraum gegeben. Die Gründe hierfür liegen zum einen in den durchschnittlich längeren Wochen- bzw. Jahresarbeitszeiten der Ostdeutschen, zum anderen ist die Zahl der Feiertage in Ostdeutschland geringer. Ein weiterer Grund liegt in der durchschnittlich längeren Arbeitszeit der Teilzeitbeschäftigten in Ostdeutschland, verglichen mit denen in Westdeutschland (Bundesministerium des Innern 2010; S. 26f). Im Jahr 2010 betrug die durchschnittliche Wochenarbeitszeit der vollzeitbeschäftigten Ostdeutschen 39,5 Stunden, während ein Vollzeitbeschäftigter in Westdeutschland durchschnittlich 38,7 Stunden arbeitete (Bundesministerium des Innern 2010; S. 27). Berücksichtigt man jetzt noch Beschäftigte die in Teilzeit arbeiten, so lag die Teilzeitquote an allen Beschäftigten im Jahr 2010 in Ostdeutschland um 3 Prozentpunkte unter der Teilzeitquote in Westdeutschland. Allerdings arbeiteten Teilzeitbeschäftigte in Ostdeutschland im Schnitt 4,1 Stunden pro Woche länger als Teilzeitbeschäftigte in Westdeutschland (Bundesministerium des Innern 2010; S. 27). Bezieht man zusätzlich mit ein, dass es im Jahr 2010 in Ostdeutschland 0,6 Feiertage pro Jahr weniger gab als in Westdeutschland, so arbeitete ein ostdeutscher Beschäftigter im Jahr 2010 ungefähr drei Wochen länger als ein Westdeutscher (Bundesministerium des Innern 2010; S. 27). Andere Komponenten, die Einfluss auf die durchschnittliche wöchentliche oder jährliche Arbeitszeit haben, die hier allerdings nicht näher betrachtet werden sollen, liefert Wanger, S. (2008; S. 30 ff). So zählen noch Überstunden, krankheitsbedingte Fehltage oder der Grad der Tarifbindung zu weiteren Einflussfaktoren für die Unterschiede in den Arbeitszeiten. Es hat sich also gezeigt, dass ostdeutsche Beschäftigte im Schnitt ein höheres Arbeitsvolumen pro Jahr aufweisen, als westdeutsche Beschäftigte. Dies erklärt, warum der Anpassungsgrad der durchschnittlichen Bruttostundenlöhne unter dem Anpassungsgrad der durchschnittlichen Bruttojahreslöhne liegt.

Nach der Analyse der Entwicklung der Bruttojahreslöhne und -gehälter im Vergleich zwischen West- und Ostdeutschland, soll in diesem Abschnitt auf die Entwicklung der Tarif- und Effektivlöhne eingegangen werden. Streng genommen handelt es sich bei der gerade eben schon erläuterten Entwicklung der Bruttolöhne faktisch um die Entwicklung der Effektivlöhne, so dass diese Begriffe synonym verwendet werden können. Deshalb soll in diesem Abschnitt zuerst die relative Entwicklung des Tariflohnniveaus im Vergleich zwischen West- und Ostdeutschland untersucht werden. In einem zweiten Schritt wird dann die relative Entwicklung des Bruttolohnniveaus mit der relativen Entwicklung des Tariflohnniveaus verglichen. Tabelle 3 gibt hierfür einen Überblick.

Tabelle 3: Effektivlöhne und Tariflöhne - ein Vergleich zwischen West- und Ostdeutschland im Zeitverlauf von 1991-2010

Jahr	Bruttolöhne und -gehälter je Arbeitnehmer			Tarifniveau
	West- deutschland	Ost- deutschland	Ost/West in %	Ost/West in %
1991	21 626	11 097	51	60
1995	24 852	18 523	75	86
2000	26 027	20 014	77	92
2005	27 339	21 331	78	95
2010	29 142	23 211	80	97

Quelle: Volkswirtschaftliche Gesamtrechnungen der Länder (2010); Wirtschafts- und Sozialwissenschaftliches Institut in der Hans-Böckler-Stiftung (WSI) (2011); anhand von Daten aus dem Gliederungspunkt 2.6 des Statistischen Taschenbuches Tarifpolitik 2011; Eigene Darstellung nach der Vorlage von Bispinck, R. (2010; S. 80)

Betrachtet man die Entwicklung der Tarifniveaus, als das Verhältnis zwischen den Tarifniveaus in Ostdeutschland und denen in Westdeutschland, so fällt auf, dass kurz nach der Wiedervereinigung im Jahr 1991 dieses bei 60 % lag. Das heißt, das Tariflohnniveau der Ostdeutschen machte zu diesem Zeitpunkt 60 % des Tariflohnniveaus der Westdeutschen aus. Zum Vergleich betrug das Bruttolohnniveau bzw. das Effektivlohnniveau der Ostdeutschen im gleichen Zeitraum ca. 51 % des westdeutschen Niveaus. Dass der Angleichungsprozess zumindest am Anfang der 90er Jahre erste Erfolge erzielen konnte, lässt sich durch den rasanten Anstieg des Tariflohnniveaus auf der einen Seite und den Anstieg des Effektivlohnniveaus auf der anderen Seite deutlich erkennen. Im Jahr 1995 betrug das Tariflohnniveau der Ostdeutschen schon 86 % von dem der Westdeutschen. Im Vergleich zum Jahr 1991 ist dieses Verhältnis der Tariflohnniveaus um 26 Prozentpunkte gestiegen. Ähnlich dazu hat sich das Effektivlohnniveau der Ostdeutschen entwickelt. 1995 belief es sich auf 75 % des Westniveaus, was einen Anstieg von 24 Prozentpunkten innerhalb von vier Jahren bedeutete. Im weiteren zeitlichen Verlauf bis zur Jahrtausendwende hat sich dieser Annäherungsprozess deutlich verlangsamt: von 1995 bis zum Jahr 2000 ist das Verhältnis zwischen den beiden Tariflohnniveaus um nur noch sechs Prozentpunkte auf 92 % angestiegen. Die gleiche Tendenz ist auch bei der Entwicklung des Effektivlohnniveau-Verhältnisses zu erkennen. Im Jahr 2000 lag es bei 77 %, was einen Anstieg von zwei Prozentpunkten zum Jahr 1995 ausmachte. Da in den darauffolgenden zehn Jahren das Tariflohnniveau-Verhältnis um nur noch 5 Prozentpunkte angestiegen ist, kann man deshalb von einer weitgehenden Stagnation sprechen. Das Bruttolohnniveau-Verhältnis war sogar nur um drei Prozentpunkte angestiegen. Vergleicht man den absoluten Anstieg des Ost/West-Verhältnisses der Tariflöhne bzw. Effektivlöhne, so wird deutlich, dass das Tariflohnniveau-Verhältnis um insgesamt 37 Prozentpunkte und damit stärker als das Effektivlohnniveau-Verhältnis, mit 29 Prozentpunkten, gestiegen ist. Betrachtet man nur das Tariflohnniveau der Ostdeutschen, so hat sich dieses, mit 97 % im Jahr 2010, weitgehend an das westliche Niveau angepasst.

Allerdings besteht immer noch ein großes Gefälle zwischen den Verhältnissen des Tariflohnniveaus und den Effektivlohnniveaus von Ost- und Westdeutschland. Grund dafür ist die vergleichsweise geringe tarifliche Bindung der Beschäftigten und der Betriebe in Ostdeutschland (Bispinck, R. 2010; S. 76). Die Unterschiede in den Tarifbindungen soll Abbildung 2 veranschaulichen.

Abbildung 2: Tarifbindung von Beschäftigten und Betrieben im Vergleich zwischen Ost- und Westdeutschland im Zeitraum von 1998-2009; in %

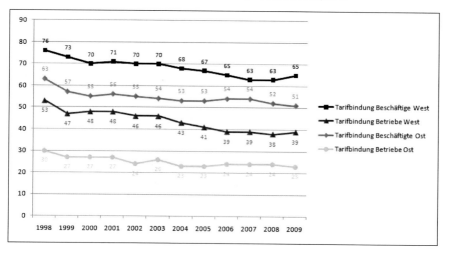

Quelle: Wirtschafts- und Sozialwissenschaftliches Institut in der Hans-Böckler-Stiftung (WSI) (2011); Eigene Darstellung anhand von Daten aus den Gliederungspunkten 1.9 und 1.10 des Statistischen Taschenbuches Tarifpolitik 2011

Im Jahr 1998 waren 63 % der Beschäftigten in Ostdeutschland an einen Tarifvertrag gebunden. Im weiteren Zeitverlauf nahm dieser Wert nahezu stetig ab, bis er im Jahr 2009 nur noch bei 51 % lag. Betrachtet man dagegen Westdeutschland, so lag dieser Wert im Jahr 1998 bei 76 % und im Jahr 2009 bei 65 %. Eine ähnliche Entwicklung, jedoch auf einem geringeren prozentualen Niveau, lässt sich auch bei der betrieblichen Tarifbindung erkennen. Der entsprechende Wert der tarifgebundenen Betriebe im Osten lag 1998 bei 30 % und ist bis zum Jahr 2009 auf 23 % abgesunken. Die Anzahl der tarifgebundenen westdeutschen Betriebe ist von 53 % im Jahr 1998 auf 39 % im Jahr 2009 gesunken. Das heißt, dass lediglich die Hälfte aller Beschäftigten bzw. nur knapp ein Viertel der Betriebe in Ostdeutschland tarifgebunden sind. Diese vergleichsweise geringere Tarifbindung der Ostdeutschen spiegelt sich auch in deren Effektivlohnniveau wieder. Wäre die Tarifbindung der Beschäftigten bzw. der Betriebe in Ostdeutschland höher, so wäre folglich auch das tarifliche „Grundeinkommen" höher und somit auch das durchschnittliche Effektivlohnniveau. Eine Zielsetzung könnte daher die Erhöhung der Tarifbindung sein, um das Ungleichgewicht des Effektivlohnniveaus zu Gunsten des Ostens zu verschieben.

Am Ende dieses Abschnitts wird noch auf die Entwicklung der Marktäquivalenzeinkommen, sowie der äquivalenzgewichteten Haushaltsnettoeinkommen eingegangen. Tabelle 4 soll diese Entwicklung veranschaulichen.

Tabelle 4: Durchschnittliches Marktäquivalenzeinkommen sowie äquivalenzgewichtetes Haushaltsnettoeinkommen von 1991-2007; real in Euro[2)]

Jahr	Marktäquivalenzeinkommen[1)]			Haushaltsnettoeinkommen[1)]		
	West-deutschland	Ost-deutschland	Deutschland	West-deutschland	Ost-deutschland	Deutschland
1991	23 446	15 125	21 759	19 929	14 588	18 846
1995	23 722	16 047	22 278	19 627	15 759	18 899
2000	24 796	16 755	23 323	21 007	17 229	20 315
2005	24 206	14 660	22 476	21 312	16 294	20 403
2007	24 671	15 794	23 101	21 474	16 712	20 632

1) Äquivalenzgewichtet mit der neuen (modifizierten) OECD-Skala. 2) In Preisen von 2005
Quelle: Sachverständigenrat (2009; S. 313); Geänderte Darstellung

Im Jahr 2007 betrug das durchschnittliche Marktäquivalenzeinkommen in Westdeutschland 24.671 Euro und in Ostdeutschland 15.794 Euro. Damit war es im Vergleich zum Jahr 1991 in Westdeutschland nur um 5,2 % und in Ostdeutschland lediglich um 4,4 % gestiegen. Der schwächere prozentuale Anstieg des durchschnittlichen Marktäquivalenzeinkommens in Ostdeutschland ist damit zu erklären, dass vor allem nach der Jahrtausendwende bis zum Jahr 2005 die Arbeitslosenzahlen sehr stark angestiegen und erst danach langsam wieder gesunken sind, während die westdeutsche Bevölkerung nicht so stark davon betroffen war (Sachverständigenrat 2009; S. 311).

Bei der Betrachtung das äquivalenzgewichteten Haushaltsnettoeinkommens fällt auf, dass dieses in Ostdeutschland im Jahr 2007 mit durchschnittlich 16.712 Euro über dem entsprechenden Wert des durchschnittlichen Marktäquivalenzeinkommen lag, wobei dies in Westdeutschland zu keinem Zeitpunkt der Fall war. Die Erklärung liefert die Definition der verschiedenen Einkommensbegriffe. Das äquivalenzgewichtete Haushaltsnettoeinkommen berücksichtigt zusätzlich noch vorhandene Sozialtransfers, sowie Renten aus der gesetzlichen Rentenversicherung, während das Marktäquivalenzeinkommen diese außen vor lässt. Da unter anderem, sowohl die Renten, als auch die Arbeitslosigkeit in Ostdeutschland wesentlich höher als in Westdeutschland sind, werden insbesondere dort die verfügbaren Einkommen durch Sozialtransfers angehoben (Sachverständigenrat 2009; S. 314).

Dass der Prozess der Angleichung des Einkommensniveaus von Ost- und Westdeutschen über die Jahre hinweg noch nicht als Erfolg gewertet werden kann, verdeutlicht Abbildung 3.

Abbildung 3: Relative Entwicklung der durchschnittlichen Markt- und Haushaltsnettoeinkommen in Ostdeutschland[1)]

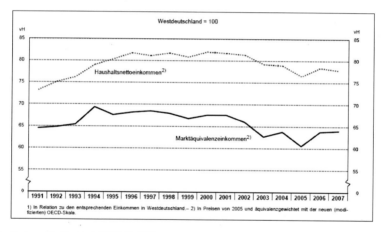

Quelle: Sachverständigenrat (2009; S. 312)

Betrachtet man die relative Entwicklung des Marktäquivalenzeinkommens der Ostdeutschen so fällt auf, dass dieses im Jahr 1991 64,5 % des Westniveaus ausmachte, im Jahr 1995 auf 67,6 % gestiegen ist und schließlich im weiteren Verlauf kontinuierlich gesunken ist, bis es im Jahr 2005 mit 60,6 % des Westniveaus einen Tiefstwert erreicht hatte. Im Jahr 2007 betrug es dann wieder 64 % des Westniveaus und lag damit sogar unterhalb des Wertes im Jahr 1991. Ganz ähnlich entwickelte sich auch das äquivalenzgewichtete Haushaltsnettoeinkommen der Ostdeutschen. Im Jahr 1991 betrug es noch 73,2 % des Westniveaus, 1995 schon 80,3 % und im Jahr 2000 dann 82 %. Allerdings fiel dieses Ost-West-Verhältnis auch hier bis zum Jahr 2005 auf 76,5 % zurück und stieg dann nochmal bis auf 77,8 % im Jahr 2007 an. Verglichen mit dem Jahr 1991 war dies immerhin eine relative Annäherung um 4,6 Prozentpunkte an das westdeutsche Niveau. Auch wenn diese prozentuale Zunahme bedeutet, dass das tatsächliche Einkommen im Vergleich zu Westdeutschland relativ stärker gestiegen ist, dann ist diese Entwicklung doch auch auf eine verstärkte Zahlung von Sozialleistungen zurückzuführen. Ein Angleichungsprozess der Einkommen Ostdeutschlands an das westdeutsche Niveau kann also nur bedingt festgestellt werden.

Bei der Betrachtung der Einkommensmaße sind bislang regionale Preisdifferenzen unberücksichtigt geblieben. An dieser Stelle soll nun untersucht werden, wie sich der Anpassungsgrad der ostdeutschen Einkommen an das westdeutsche Niveau verändert, wenn man regionale Preisdifferenzen mit berücksichtigt. Zu diesem Zweck wird das äquivalenzgewichtete Haushaltsnettoeinkommen herangezogen, da es das Einkommen darstellt, was einem Haushalt tatsächlich zur Verfügung steht. Die Grundlage für diese Fragestellung stellt eine Studie von Goebel, J. / Frick, J. / Grabka, M. (2009) dar. Die Autoren begründen die Berücksichtigung von regionalen Preisindizes damit, dass zum Beispiel 2.000 Euro in München einen geringeren Lebensstandard ermöglichen, als 2.000 Euro auf dem Land (Goebel, J. / Frick, J. / Grabka, M. 2009; S. 889). Da das statistische Bundesamt seit dem Jahr 2000, aufgrund von ähnlichen Entwicklungen des Preisniveaus von Ost- und Westdeutschland am Ende der 90er Jahre auf eine getrennte Ausweisung dieser Indizes verzichtet hat (Goebel, J. / Krause, P. / Frick, J. / Grabka, M. / Wagner, G. 2010; S. 7), liefert das Bundesamt für Bauwesen und Raumordnung (BBR) Preisniveaus für 393 Kreisregionen (Goebel, J. / Frick, J. / Grabka, M. 2009; S. 888). Korrigiert man die äquivalenzgewichteten Haushaltsnettoeinkommen um den regionalen Preisindex, so zeigt sich für das Jahr 2008, das Ostdeutsche im Schnitt 17.762 Euro und Westdeutsche 21.251 Euro zur Verfügung hatten. Würde man von einer Berücksichtigung regionaler Preisindizes absehen, so betrüge das Einkommen im Jahr 2008 in Ostdeutschland 16.957 Euro und in Westdeutschland 21.511 Euro. Somit verringerte sich sogar das verfügbare Einkommen in Westdeutschland unter Berücksichtigung der regionalen Preisindizes um 1,2 % im Jahr 2008, während sich gleichzeitig das verfügbare Einkommen in Ostdeutschland um 4,7 % erhöhte. Machten ostdeutsche Einkommen im Jahr 2008, ohne Berücksichtigung regionaler Preisunterschiede ca. 79 % der westdeutschen Einkommen aus, so lag dieses Verhältnis unter Berücksichtigung dieser Preisindizes bei 83,6 % (Goebel, J. / Frick, J. / Grabka, M. 2009; S. 893). Es zeigt sich also, dass sich die Differenzen der Lohnunterschiede zwischen West- und Ostdeutschland verringern würden, wenn man regionale Preisunterschiede mit einbeziehen würde. Allerdings verdienen Ostdeutsche im Schnitt immer noch über 16 % weniger als Westdeutsche.

Mit Hilfe der Tabelle 5 ist der Angleichungsprozess von Ost- und Westdeutschland anhand verschiedener Einkommensmaße im Zeitverlauf noch einmal auf einen Blick dargestellt. An dieser Stelle wird jedoch auf die Analyse der Entwicklung des Einkommensniveaus im Zeitverlauf verzichtet, da dies bereits weiter oben schon geschehen ist. Hier soll noch einmal kurz zusammengefasst erklärt werden, worin die Unterschiede in den Einkommensniveau-Verhältnissen begründet sind, wenn verschiedene Einkommensmaße verwendet werden

Tabelle 5: Angleichungsprozess von Ost- und Westdeutschland anhand verschiedener Einkommensmaße im Zeitverlauf

	Niveauverhältnis von Ost- zu Westdeutschland in %				
Jahr	Bruttostundenlohn	Bruttojahreslohn	Tariflohn	Markteinkommen[1]	Haushaltsnettoeinkommen[1]
1991	-	51	60	65	73
1995	-	75	86	68	80
2000	70	77	92	68	82
2005	73	78	95	61	76
2007	74	78	-	64	78
2010	76	80	97	-	-

1) äquivalenzgewichtet anhand der neuen OECD-Skala; in Preisen von 2005.

Quelle: Volkswirtschaftliche Gesamtrechnungen der Länder (2010); Sachverständigenrat (2009; S. 313); Wirtschafts- und Sozialwissenschaftliches Institut in der Hans-Böckler-Stiftung (WSI) (2011), anhand von Daten aus dem Gliederungspunkt 2.6 des Statistischen Taschenbuches Tarifpolitik 2011; Eigene Darstellung

Ein Blick auf die Bruttolöhne zeigt, dass zu jedem Zeitpunkt der Grad der Anpassung bei den durchschnittlichen Bruttostundenlöhnen höher ist als bei den Bruttojahreslöhnen. Dies liegt vor allem daran, dass sowohl ostdeutsche Teilzeit-/ als auch Vollzeitbeschäftigte eine durchschnittlich längere wöchentliche Arbeitszeit im Vergleich zu den Westdeutschen haben. Der Angleichungsprozess der Tariflöhne ist hingegen schon fast vollständig abgeschlossen. Allerdings ist der Grad der Tarifbindung sowohl in West- als auch in Ostdeutschland im Zeitverlauf deutlich zurückgegangen, wobei er aber in Westdeutschland immer noch stärker ausgeprägt ist als in Ostdeutschland. Bei der Betrachtung der Marktäquivalenzeinkommen fällt auf, dass keine Anpassung an das Westniveau stattgefunden hat, was insbesondere mit dem starken Anstieg der Arbeitslosenquote zu begründen ist. Hingegen lässt sich bei den äquivalenzgewichteten Haushaltsnettoeinkommen eine Annäherung feststellen, da ostdeutsche Haushalte verstärkt Arbeitslosengeld

II, sowie Renten aus der gesetzlichen Rentenversicherung beziehen. Bei der Interpretation von diesen Niveau-Verhältnissen muss also immer darauf geachtet werden, welches Einkommensmaß diesen Zahlen zugrunde liegt.

2.3 Vergleich und Entwicklung auf Bundesländerebene

Das Hauptaugenmerk der Analyse der Entwicklung des Einkommensniveaus lag bisher immer auf einem Ost-West-Vergleich. In diesem Abschnitt soll nun untersucht werden, ob sich diese Unterschiede in der Höhe der Einkommen auch auf Bundeslandebene widerspiegeln oder ob vielleicht schon einige ostdeutsche Bundesländer weiter als andere ostdeutsche Bundesländer in diesem Prozess der Angleichung vorangeschritten sind (Bäcker, G. / Jansen, A. 2009; S. 27ff). Bei der nachfolgenden Untersuchung wird auf die Berücksichtigung unterschiedlicher Preisindizes verzichtet. Tabelle 6 zeigt die Entwicklung der durchschnittlichen Bruttolöhne in den jeweils einkommensstärksten bzw. -schwächsten ost- und westdeutschen Bundesländern von 1991 bis 2010.

Tabelle 6: Durchschnittliche Bruttojahreslöhne in den jeweils einkommensstärksten/-schwächsten ost- und westdeutschen Bundesländern; in Euro

Jahr	Brandenburg	Mecklenburg-Vorpommern	neue Bundesländer	Hessen	Schleswig-Holstein	alte Bundesländer
1991	11 420	11 114	11 097	22 704	19 603	21 626
1995	19 212	18 344	18 523	26 223	22 651	24 852
2000	20 805	19 662	20 014	27 658	23 580	26 027
2005	21 957	20 850	21 331	29 310	24 338	27 339
2010	23 786	22 272	23 211	31 521	25 760	29 142

Quelle: Volkswirtschaftliche Gesamtrechnungen der Länder (2010); Eigene Darstellung nach der Vorlage von Bäcker, G. / Jansen, A. (2009; S. 28)

Mecklenburg-Vorpommern war im Jahr 2010 mit 22.272 Euro das einkommensschwächste ostdeutsche Bundesland und Brandenburg stellte mit 23.786 Euro das einkommensstärkste ostdeutsche Bundesland dar. Setzt man die durchschnittlichen Bruttolöhne von Mecklenburg-Vorpommern und Brandenburg zueinander ins Verhältnis, so macht der durchschnittliche Bruttojahreslohn Mecklenburg-Vorpommerns 93,6 % des Lohnes von Brandenburg aus. Betrachtet man die westdeutschen Bundesländer, so war Schleswig-Holstein im Jahr 2010 mit 25.760 Euro das einkommensschwächste und Hessen mit 31.521 Euro das einkommensstärkste Bundesland. Das Verhältnis zwischen ärmsten bzw. reichsten Bundesland in Westdeutschland beträgt demnach 81,7 %. Damit ist die Streuung des durchschnittlichen Bruttojahreslohnes in Westdeutschland zwischen dem ärmsten und reichsten Bundesland höher als in Ostdeutschland. Das bedeutet, dass die durchschnittlichen Bruttojahreslöhne innerhalb der ostdeutschen Bundesländer homogener waren, während sie in Westdeutschland heterogener waren. Man kann jedoch beobachten, dass das Verhältnis zwischen ärmsten und reichsten ostdeutschen Bundesland im Jahr 1991 bei 97,3 % lag, dieser Wert allerdings bis zum Jahr 2010 um 3,7 Prozentpunkte gesunken ist. Innerhalb der westdeutschen Bundesländer lag dieser Wert 1991 bei 86,3 % und ist bis 2010 um 4,6 Prozentpunkte ebenfalls gesunken[5].

Betrachtet man die Höhe der durchschnittlichen Bruttojahreslöhne der ostdeutschen Bundesländer, so lagen sie in Brandenburg, als einkommensstärkstes ostdeutsches Bundesland, mit 23.786 Euro unterhalb der Löhne von Schleswig-Holstein mit durchschnittlich 25.760 Euro, dem einkommensschwächsten westdeutschen Bundesland. Daraus ergibt sich ein Verhältnis von 92,3 %. Vergleicht man allerdings das Bruttolohnniveau Brandenburgs mit dem westdeutschen Durchschnitt, so machte dieses lediglich 81,6 % aus. Man kann also festhalten, dass die Unterschiede in der Höhe der durchschnittlichen Bruttojahreslöhne nicht nur zwischen West- und Ostdeutschland existieren. Auf Grund der hohen Homogenität der Verdienststruktur innerhalb der ostdeutschen bzw. westdeutschen Bundesländer sind diese Unterschiede auch zwischen den einzelnen Bundesländern zu beobachten, so dass einzelne Bundesländer als Ausreißer nach unten, in Bezug auf das Bruttojahreseinkommen, keine Ursache für die Lohnniveau-Unterschiede darstellen.

2.4 Erklärungsansätze für die Unterschiede der Einkommensniveaus zwischen West- und Ostdeutschland

Das letzte Kapitel hat sehr deutlich gezeigt, dass immer noch erhebliche Unterschiede in den Einkommensniveaus zwischen West- und Ostdeutschland bestehen. In diesem Kapitel sollen nun Erklärungsansätze aufgezeigt werden, die die Unterschiede in den Einkommensniveaus begründen. Da diese Ursachenforschung in der Literatur weit verbreitet ist und der Umfang für diese Arbeit begrenzt ist, sollen an dieser Stelle lediglich die Ergebnisse, ausgewählter Ursachen, auszugsweise präsentiert werden.

Ein Aspekt den Bäcker, G. / Jansen, A. (2009; S. 41ff) in ihrer Arbeit untersucht haben ist, inwieweit die unterschiedliche Branchenstruktur in West- und Ostdeutschland einen Einfluss auf das Einkommensniveau hat. Die Datengrundlage für diese Untersuchung stellen die Vierteljährlichen Verdiensterhebungen des Statistischen Bundesamtes für das 2. Quartal 2008 dar. Die Autoren haben herausgefunden, dass im Bereich des verarbeitenden Gewerbes (z.B. Ernährungsgewerbe, Fahrzeugbau, Maschinenbau) erhebliche Unterschiede in der Höhe des Einkommensniveaus zwischen West- und Ostdeutschland

---

[5]Die Gründe dafür sollen hier nicht weiter erläutert werden

bestehen. Während in Westdeutschland mehr als ein Viertel aller Vollzeitbeschäftigten in diesem Bereich tätig sind, sind es in Ostdeutschland nicht einmal ein Fünftel. Das durchschnittliche Bruttomonatseinkommen der Ostdeutschen beträgt hier nur 67,1 % des durchschnittlichen Bruttomonatseinkommens der Westdeutschen (Bäcker, G. / Jansen, A. 2009; S. 43). Im Bereich der unternehmensnahen Dienstleistungen (z.B. Rechts-, Steuer- und Unternehmensberatung, Wach- und Sicherheitsdienste, Forschung und Entwicklung) sind die Unterschiede in der Höhe der Einkommensniveaus ähnlich wie im verarbeitenden Gewerbe. Auch hier ist die Mehrheit der ostdeutschen Bevölkerung in solchen Branchen tätig, in denen die Höhe des Einkommens deutlich geringer ist, als das der Westdeutschen (Bäcker, G. / Jansen, A. 2009; S. 51). Der Angleichungsprozess des Einkommensniveaus ist im öffentlichen Dienstleistungssektor (z.B. Erziehung und Unterricht, Kindergärten, Gesundheitswesen) bislang am weitesten fortgeschritten und in einigen Branchen sogar schon abgeschlossen. So liegt das durchschnittliche Bruttomonatseinkommen in Ostdeutschland im Bereich Erziehung und Unterricht mit 3.242 Euro mehr als 200 Euro über dem Wert in Westdeutschland. Lediglich im Bereich Sozialwesen beträgt das durchschnittliche Bruttomonatseinkommen der Ostdeutschen nur 81,7 % des Einkommens der Westdeutschen. Die Daten der Vierteljährlichen Verdiensterhebungen zeigen außerdem, dass die Beschäftigtenanteile der Ostdeutschen in allen Unterkategorien im Bereich der öffentlichen Dienstleistungen über den Beschäftigtenanteilen der Westdeutschen liegen. Insgesamt sind in diesem Bereich 26,7 % der Ostdeutschen und 20,5 % der Westdeutschen tätig (Bäcker, G. / Jansen, A. 2009; S. 51ff). Sollte es in Zukunft nicht möglich sein, gerade im Bereich des verarbeitenden Gewerbes, sowie der unternehmensnahen Dienstleistungen, größere Industriekomplexe als auch Mutterkonzerne anzusiedeln, so werden sich in diesen Bereichen die Einkommensniveaus wohl auf absehbare Zeit nicht weiter annähern (Bäcker, G. / Jansen, A. 2009; S. 55).

Ein weiterer Punkt den Bäcker, G. / Jansen, A. (2009; S. 62ff) in ihrer Arbeit thematisiert haben, befasst sich mit der Frage inwieweit das durchschnittliche Bruttomonatseinkommen von sogenannten Leistungsgruppen[6] innerhalb der Unternehmen abhängt. Die zugrunde liegende Vermutung der Autoren lautet, dass sich die Beschäftigten in Ostdeutschland eher in die Leistungsgruppen 3, 4 und 5 einordnen lassen, während sich die Beschäftigten in Westdeutschland vermehrt in den Leistungsgruppen 1 und 2 befinden. Würde sich diese Vermutung als richtig erweisen, so ließen sich damit die unterschiedlichen Einkommensniveaus in West- und Ostdeutschland erklären. Die Einteilung in unterschiedliche Leistungsgruppen erlaubt gleichzeitig die jeweiligen Personen zwischen den

---

[6]Leistungsgruppe 1: Arbeitnehmer in leitender Stellung; Leistungsgruppe 2: Herausgehobene Fachkräfte; Leistungsgruppe 3: Fachkräfte; Leistungsgruppe 4: Angelernte Arbeitnehmer; Leistungsgruppe 5: Ungelernte Arbeitnehmer; eine tiefere Charakterisierung der verschiedenen Leistungsgruppen befindet sich im Glossar der Jahresergebnisse, Fachserie 16 Reihe 2.3 des Statistisches Bundesamt (2010)

einzelnen Leistungsgruppen nach dem Grad der Ausstattung ihres Humankapitals und ihrem Grad an Produktivität zu ordnen und sie voneinander abzugrenzen. So besitzen Personen in den oberen Leistungsgruppen eine höhere und eventuell längere Schulausbildung, als Personen in den unteren Leistungsgruppen. Gleichzeitig steigt der Grad der Produktivität der Angestellten mit der Höhe der unterschiedlichen Leistungsgruppen. Tabelle 7 stellt den prozentualen Anteil Vollzeitbeschäftigter und die Höhe des Bruttomonatsentgelts in Abhängigkeit der einzelnen Leistungsgruppen dar.

Tabelle 7: Anteil Vollzeitbeschäftigter in % und Höhe des Bruttomonatsentgelts nach verschiedenen Leistungsgruppen

Leistungs- gruppen	produzierendes Gewerbe und Dienstleistungsbereich			
	Westdeutschland		Ostdeutschland	
	Anteil abhängig Beschäftigter	Bruttomonats- einkommen[1)]	Anteil abhängig Beschäftigter	Bruttomonats- einkommen[1)]
LG1	12,2	5 929	9,7	4 824
LG2	24,8	3 923	21,0	3 136
LG3	42,0	2 817	50,0	2 173
LG4	14,7	2 308	14,7	1 786
LG5	6,3	1 902	4,6	1 570

1) ohne Sonderzahlungen

Quelle: Statistisches Bundesamt (2010); Eigene Darstellung nach der Vorlage von Bäcker, G. / Jansen, A. (2009; S. 63)

Betrachtet man zuerst die Leistungsgruppen 1 und 2, so fällt auf, dass in Westdeutschland 37 %, in Ostdeutschland jedoch nur 30,7 % aller Vollzeitbeschäftigten in diese beiden Gruppen fallen. Daraus ergibt sich, dass 63 % der Vollzeitbeschäftigten in Westdeutschland und 69,3 % in Ostdeutschland den unteren drei Leistungsgruppen zugeordnet werden können. Würden die Anteile der Beschäftigten innerhalb der einzelnen Leistungsgruppen in Ostdeutschland denen in Westdeutschland entsprechen, dann würde sich somit auch das durchschnittliche Bruttomonatseinkommen in Ostdeutschland erhöhen und sich weiter an das der Westdeutschen anpassen. Ein Grund für die unterschiedliche Verteilung ist nach Bäcker, G. / Jansen, A. (2009; S. 63), dass Beschäftigte in ostdeutschen Betrieben eher ausführenden Tätigkeiten nachgehen, während deutlich mehr Angestellte in Westdeutschland in Führungspositionen zu finden sind. Allerdings wird auch hier wieder deutlich, dass das durchschnittliche Bruttomonatseinkommen in Ostdeutschland, über alle Leistungsstufen hinweg, niedriger ist als in Westdeutschland. Deswegen können die Einkommensunterschiede zwischen Ost- und Westdeutschland nicht allein durch die unterschiedliche Verteilung der Beschäftigten auf die einzelnen Leistungsgruppen erklärt werden. Es ist eher davon auszugehen, dass es sich um ein Zusammenspiel aus unterschiedlicher Branchenstruktur und dem Tätigkeitsniveau der Arbeitnehmer handelt (Bäcker, G. / Jansen, A. 2009; S.63f).

Ein weiterer Erklärungsansatz, der eigentlich schon in dem Kapitel „Entwicklung des Einkommensniveaus im Vergleich zwischen West- und Ostdeutschland" indirekt angesprochen wurde, stellt die vergleichsweise geringe Tarifbindung ostdeutscher Beschäftigter bzw. Betriebe dar. Dabei geht ein höherer Grad an Tarifbindungen mit einer Erhöhung des Effektivlohnniveaus einher, da Tariflöhne sogenannte Grundeinkommen darstellen. Hier wurde bereits festgestellt, dass die Tarifbindung sowohl der Beschäftigten, als auch der Betriebe im Zeitverlauf deutlich abgenommen hat und dass die Tarifbindung in Ostdeutschland erheblich unter der Tarifbindung in Westdeutschland liegt. Für die vergleichsweise geringe Tarifbindung Ostdeutschlands sieht Bispinck, R. (2010; S. 77) hauptsächlich drei Gründe. Zum einen geben Unternehmen, die in der Vergangenheit tarifgebunden waren, ihre bestehenden Tarifverträge auf oder sie verlieren durch die Zerlegung in einzelne Unternehmensbereiche ihre Tarifbindung. Ein weiterer Grund ist, dass gerade neu gegründete Unternehmen oftmals gar nicht erst einem Arbeitgeberverband beitreten und auch keine Firmentarifverträge abschließen. Der dritte Grund besteht darin, dass es vielen Arbeitnehmerverbänden nicht möglich ist, nach Ablauf des bestehenden Tarifvertrages einen neuen Tarifvertrag auszuhandeln. Bäcker, G. / Jansen, A. (2009; S. 77) sehen auch einen Zusammenhang zwischen dem Grad der Tarifbindung und der Betriebsgröße. Sie fanden heraus, dass der Grad der Tarifbindung mit der Größe der Unternehmen zunimmt. Das bedeutet, dass größere Betriebe mit mehr Mitarbeitern stärker tarifgebunden sind als kleinere Betriebe mit weniger Mitarbeitern. Dies gilt sowohl für Westdeutschland, als auch für Ostdeutschland.

Es scheint daher plausibel, dass die Betriebsgröße ebenfalls einen Einfluss auf das unterschiedliche Einkommensniveau hat. Diese Hypothese hat sich in der Literatur mehrfach bestätigt. Einen guten Überblick über diese Thematik liefern Gerlach, K. / Schmidt, E (1989). Anhand Tabelle 8 soll dieser Zusammenhang nun im Vergleich zwischen West- und Ostdeutschland betrachtet werden. Die Zahlen sind allerdings mit Vorsicht zu genießen, da die Bundesagentur für Arbeit zur Darstellung des Anteils der Beschäftigten in Prozent, alle sozialversicherungspflichtig Beschäftigten berücksichtigt und das Statistische Bundesamt für die Ermittlung der durchschnittlichen Bruttomonatseinkommen nach Betriebsgrößenklassen lediglich Vollzeitbeschäftigte mit einbezieht. Dieser Umstand ist aber für die Analyse der Hypothese nicht so sehr von Bedeutung, da sich nur die Höhe des Einkommens verringern würde, würde man auch Teilzeit- und geringfügig Beschäftigte zu den Berechnungen des Statistischen Bundesamtes dazu zählen.

Tabelle 8: Anteil Vollzeit-/ bzw. sozialversicherungspflichtig Beschäftigter und durchschnittliches Bruttomonatseinkommen nach Betriebsgrößenklassen

Betriebsgrößenklassen	Westdeutschland		Ostdeutschland	
	Anteil Beschäftigte in Prozent[1]	durchschnittl. Bruttomonatseinkommen[2]	Anteil Beschäftigte in Prozent[1]	durchschnittl. Bruttomonatseinkommen[2]
bis 49 Beschäftigte	40,2	2 857	44,5	2 109
50 bis 99 Beschäftigte	11,7	3 015	13,2	2 208
100 bis 249 Beschäftigte	15,4	3 205	16,6	2 354
250 bis 499 Beschäftigte	10,5	3 472	9,8	2 665
über 500 Beschäftigte	22,2	3 702+	15,9	3 040+

1) Stand Juni 2010; sozialversicherungspflichtig Beschäftigte; eigene Berechnungen.
2) Vollzeitbeschäftigte im Produzierenden Gewerbe und Dienstleistungsbereich im Jahr 2010; ohne Sonderzahlungen.

Quelle: Statistisches Bundesamt (2010); Bundesagentur für Arbeit (2011b); Eigene Darstellung

Betrachtet man zunächst den Anteil der sozialversicherungspflichtig Beschäftigten im Jahr 2010 nach der Größe der Betriebe, so stellt man fest, dass dieser Anteil in Betrieben bis 49 Beschäftigte in Westdeutschland bei 40,2 % und in Ostdeutschland bei 44,5 % liegt. Mit zunehmender Betriebsgröße nähern sich die Anteile der Beschäftigten in West- und Ostdeutschland zwar an, allerdings ist der Anteil an Beschäftigten in Betrieben mit 100 bis 249 Beschäftigten in Ostdeutschland mit 16,6 % immer noch um 1,2 Prozentpunkte über dem Wert in Westdeutschland. Erst ab einer Betriebsgröße von 250 bis 499 Beschäftigten ist der Anteil der westdeutschen Beschäftigten mit 10,5 % höher, als der Anteil der ostdeutschen Beschäftigten mit einem Wert von 9,8 %. Arbeiten in einem Betrieb mehr als 500 Beschäftigte so liegt dieser Wert in Westdeutschland bei 22,2 % und in Ostdeutschland lediglich bei 15,9 %. Sind in Ostdeutschland die Mehrheit der Beschäftigten in klein- bis mittelgroßen Betrieben beschäftigt, so liegt der Beschäftigtengrad gerade in Betrieben mit mehr als 500 Beschäftigten in Westdeutschland deutlich über dem Wert in Ostdeutschland. Betrachtet man jetzt die durchschnittlichen Bruttomonatseinkommen in Abhängigkeit von der Betriebsgröße, so steigen diese mit zunehmender Betriebsgröße sowohl in den neuen, als auch in den alten Bundesländern stetig an. Auch wenn die Bruttoeinkommen der Ostdeutschen über jede Betriebsgrößenklasse unterhalb der Einkommen der Westdeutschen liegen, so hat doch die Verteilung der Beschäftigten auf die einzelnen Klassen einen Einfluss auf die Höhe der Einkommen. Die eher klein- bis mittelbetriebliche Struktur in Ostdeutschland ist also ein Grund für das durchschnittlich geringere Bruttoeinkommen im Vergleich zu Westdeutschland. Berücksichtigt man weiterhin, dass größere Betriebe eher tarifgebunden sind als kleinere Betriebe, so unterstützt diese Tatsache das Ergebnis, dass die Betriebsgröße einen nicht zu vernachlässigbaren Einfluss auf das Einkommensniveau hat.

3 Die Analyse der Einkommensverteilung

Nachdem nun im ersten Abschnitt auf die Entwicklung des Einkommensniveaus im Zeitverlauf und im Vergleich zwischen West- und Ostdeutschland eingegangen wurde, so soll nun in diesem Abschnitt auf die Einkommensverteilung in den beiden Bundesgebieten eingegangen werden. Der Begriff Einkommensverteilung beschreibt, wie sich das Gesamteinkommen auf einzelne Personen oder Personengruppen verteilt. Um die Verteilung der Einkommen analysieren zu können und um Aussagen treffen zu können, ob die Einkommen gleich oder ungleich verteilt sind, existieren spezielle Maße um den Grad der Verteilung der Einkommen messen zu können.

3.1 Maße für Einkommensungleichverteilungen

In der Literatur findet man häufig drei Maße mit denen der Grad der Einkommensungleichverteilung gemessen werden kann:

- Gini-Koeffizient

- Theil 0- bzw. Theil 1-Koeffizient

- Dezile bzw. Dezilverhältnisse

Das am häufigsten verwendete Ungleichheitsmaß stellt der Gini-Koeffizient dar. Für seine Berechnung ist es relevant, dass alle Personen aufsteigend nach der Höhe ihrer Einkommen geordnet werden. Will man den Gini-Koeffizienten berechnen, so verwendet man hierfür eine Lorenzkurve. Die Y-Achse beschreibt dabei die, in aufsteigender Reihenfolge aufsummierten, relativen Einkommen aller Personen und die X-Achse die aufsummierten Anteile der einzelnen Personen an der Gesamtbevölkerung. Die Lorenzkurve ordnet dabei jedem Anteil der Personen, welche ein Einkommen beziehen, den Anteil am Gesamteinkommen zu. Würde das Einkommen in der Bevölkerung gleich verteilt sein, so ließe sich dies auf einer Diagonalen innerhalb des ersten Quadranten abbilden. Die Fläche unterhalb der Lorenzkurve dividiert durch die Fläche unterhalb der Gleichverteilungsgeraden ergibt somit den Gini-Koeffizienten. Der Gini-Koeffizient ist zwischen null und eins normiert. Würde er den Wert null annehmen, so würde das Gesamteinkommen eines Staates auf alle Einkommensbezieher gleich verteilt sein. Würde er hingegen den Wert eins annehmen, so wäre das Einkommen maximal ungleich verteilt. Das hieße, dass das Gesamteinkommen eines Staates einer Person alleine gehören würde. Der Gini-Koeffizient reagiert im Bereich der Einkommen, die am häufigsten auftreten, also im mittleren Einkommensbereich, besonders sensitiv auf Veränderungen. Der Gini-Koeffizient besitzt allerdings den Nachteil, dass er für verschiedene Verteilungen den gleichen Wert annehmen kann. Man kann also allein aus dem Wert nicht herausfinden in welchen Einkommensbereichen eine Ungleichverteilung besteht (Sachverständigenrat 2009; S. 312f).

Das zweite Maß stellt der Theil 0- bzw. Theil 1-Koeffizient dar. Der Theil 0-Koeffizient wird aus der durchschnittlichen Abweichung der logarithmierten Einkommen vom logarithmierten Mittelwert berechnet (Sachverständigenrat 2009; S. 313). Will man den Theil 1-Koeffizienten berechnen, so müssen die logarithmierten Abweichungen noch dazu mit ihrem Einkommensanteil gewichtet werden. Während der Theil 0-Koeffizient besonders im unteren Einkommensbereich sensitiv auf Veränderung reagiert, so ist dies bei dem Theil 1-Koeffizienten nicht der Fall. Bei Gleichverteilung der Einkommen sind beide Theil-Koeffizienten auf null normiert, während sie bei maximaler Ungleichverteilung aber auch größer als eins werden können.

Ein ebenfalls häufig genutztes und sehr weit verbreitetes Ungleichverteilungsmaß sind sogenannte Dezile bzw. Dezilverhältnisse. Im Zusammenhang mit der Einkommensverteilung stellt ein Dezil einen bestimmten Einkommensanteil am Gesamteinkommen dar. Will man so einen Einkommensanteil berechnen, dann ordnet man zunächst die Einkommensbezieher nach der Höhe ihrer Einkommen in aufsteigender Reihenfolge an. Anschließend teilt man die Verteilung in zehn gleich große Teile auf. Jetzt wird innerhalb jedes Dezils die Summe aus den Einkommen gebildet und abschließend der Einkommensanteil jedes Dezils am Gesamteinkommen berechnet. Auf Basis der einzelnen Dezile lassen sich auch Dezilverhältnisse berechnen. Dabei drücken Dezilverhältnisse aus, um welches Vielfache der Einkommensanteil der Personen eines Dezils über dem Einkommensanteil der Personen eines anderen Dezils liegt. Ein Wert des 90/10-Dezilverhältnisses beschreibt also das Vielfache, um das die Einkommensschwelle der Personen im 9. Dezil, über der Einkommensschwelle der Personen im 1. Dezil liegt (Rukwid, R. 2007; S. 35).

3.2 Entwicklung der Einkommensverteilung im Vergleich zwischen West- und Ostdeutschland

In diesem Kapitel soll nun anhand der Einkommensmaße Marktäquivalenzeinkommen und äquivalenzgewichtetes Haushaltsnettoeinkommen die Entwicklung der Einkommensverteilung im Vergleich zwischen West- und Ostdeutschland präsentiert werden. Diese

Auswahl dieser beiden Einkommensmaße ist bewusst getroffen worden, da das Marktäquivalenzeinkommen Aufschluss darüber gibt, wie die Verteilung der Einkommen vor den staatlichen Umverteilungsmaßnahmen aussieht und das äquivalenzgewichtete Haushaltsnettoeinkommen solche Umverteilungsmaßnahmen mit berücksichtigt. Auf die Gründe für den Grad der Ungleichverteilung wird im nächsten Kapitel näher eingegangen. Tabelle 9 soll einen Überblick über die Verteilung der Marktäquivalenzeinkommen geben.

Tabelle 9: Verteilung des Marktäquivalenzeinkommens anhand ausgewählter Verteilungsmaße

Jahr	Marktäquivalenzeinkommen					
	West-deutschland	Ost-deutschland	West-deutschland	Ost-deutschland	West-deutschland	Ost-deutschland
	Gini-Koeffizient		Theil 0-Koeffizient		Theil 1-Koeffizient	
1991	0,396	0,370	0,636	0,630	0,286	0,254
1995	0,425	0,449	0,672	0,893	0,329	0,363
2000	0,428	0,478	0,677	1,008	0,330	0,408
2005	0,461	0,538	0,813	1,256	0,399	0,515
2007	0,461	0,512	0,814	1,185	0,394	0,466

Quelle: Sachverständigenrat (2009; S. 313); Geänderte Darstellung

Man kann dieser Tabelle entnehmen, dass sowohl der Gini-Koeffizient, als auch der Theil 0- bzw. Theil 1-Koeffizient im Zeitverlauf deutlich zugenommen hat. Lag der Gini-Koeffizient in Westdeutschland im Jahr 1991 bei 0,396, so lag er im Jahr 2007 schon bei 0,461 (Sachverständigenrat 2009; S. 312). Dieser Anstieg des Gini-, sowie der beiden Theil-Koeffizienten bedeutet, dass sich die Einkommen im Zeitverlauf ungleicher auf die Bevölkerung verteilt haben. Allerdings lässt sich auch festhalten, dass die absolute Steigerung der Koeffizienten, ausgehend vom Jahr 1991, in Ostdeutschland sehr viel stärker ausgeprägt ist als in Westdeutschland. Für den Gini-Koeffizienten bedeutet dies eine absolute Steigerung in Westdeutschland von 1991 auf 2007 um 0,065 und in Ostdeutschland um 0,142. Das heißt, dass sich die Marktäquivalenzeinkommen in Ostdeutschland im Zeitverlauf wesentlich ungleicher verteilt haben als in Westdeutschland. Allerdings ist die absolute Änderung des Gini-Koeffizienten bei weitem nicht so stark ausgeprägt wie die absolute Veränderung des Theil 0-Koeffizienten. Dies liegt daran, dass der Gini-Koeffizient besonders sensitiv auf Veränderungen im mittleren Einkommensbereichen reagiert, während der Theil 0-Koeffizient besonders sensitiv auf Veränderungen in unteren Einkommensbereichen reagiert. Aufgrund der unterschiedlichen absoluten Änderungen der beiden Koeffizienten kann man schließen, dass die Änderungen im mittleren

Einkommensbereich bei weitem nicht so gravierend waren, wie Veränderungen im unteren Einkommensbereich. Um diese Annahme überprüfen zu können, soll anhand von Tabelle 10 die Verteilung der Marktäquivalenzeinkommen auf die einzelnen Dezile betrachtet werden.

Tabelle 10: Verteilung der Marktäquivalenzeinkommen auf die einzelnen Dezile

Dezile	Marktäquivalenzeinkommen			
	West-deutschland	Ost-deutschland	West-deutschland	Ost-deutschland
	1991		2007	
1. Dezil	0,3	0,1	0,2	0,0
2. Dezil	2,2	2,2	1,9	0,4
3. Dezil	4,8	5,5	3,5	1,9
4. Dezil	6,9	7,4	5,5	3,7
5. Dezil	8,4	8,9	7,3	6,4
1. - 5. Dezil	22,5	24,1	18,4	12,4
6. Dezil	9,9	10,5	9,1	9,6
7. Dezil	11,6	12,1	11,1	12,6
8. Dezil	13,7	13,9	13,4	15,7
9. Dezil	16,8	16,4	17,1	19,5
10. Dezil	25,5	23,2	30,9	30,2

Quelle: Sachverständigenrat (2009; S. 316); Geänderte Darstellung

Die Verteilung der Marktäquivalenzeinkommen nach Dezilen bestätigt diese Vermutung. Betrachtet man zuerst die Entwicklung der Verteilung in Westdeutschland, so fällt auf, dass sie im Jahr 1991 im Vergleich zum Jahr 2007 gerade in den unteren bis mittleren Einkommensdezilen noch wesentlich gleicher verteilt war. Die Differenz der absoluten Höhe der Anteile von Personen, die ein bestimmtes Einkommen am Gesamteinkommen beziehen, ist in den unteren bis mittleren Einkommensdezilen noch deutlich höher, als in den oberen Einkommensdezilen. Betrachtet man zum Beispiel die Dezile 1-5, so bezogen die unteren 50 % der Personen, geordnet nach der Höhe ihrer Einkommen, noch 22,5 % des Gesamteinkommens im Jahr 1991. Verglichen mit dem Jahr 2007, ist dieser Wert um 4,1 Prozentpunkte auf 18,4 % gefallen. Weiterhin fällt auf, dass das obere Zehntel der Bevölkerung im Jahr 1991 25,5 % der Gesamteinkommen bezogen hat, dieser Wert allerdings bis zum Jahr 2007 auf 30,9 % angestiegen ist. Das bedeutet also, dass sich die Marktäquivalenzeinkommen gerade in den Dezilen 1-5 und im obersten Einkommensdezil in Westdeutschland im Zeitverlauf wesentlich ungleicher verteilt haben. Die Kluft zwischen den unteren und den oberen Dezilen ist im Zeitverlauf deutlich auseinander gegangen. Betrachtet man jetzt die Entwicklung der Verteilung der Marktäquivalenzeinkommen in Ostdeutschland, so zeigt sich ein ähnlicher Trend wie in Westdeutschland. Auch hier haben sich die Einkommen im Zeitverlauf ungleicher verteilt. Besaßen im Jahr 1991 die unteren 50 % der Bevölkerung noch 24,1 % des Gesamteinkommens, so lag dieser Wert im Jahr 2007 nur noch bei 12,4 % (Sachverständigenrat 2009; S. 314). Betrachtet man die Personen im obersten Dezil, so hat sich deren Anteil am Gesamteinkommen, von 23,2 % im Jahr 1991 auf 30,2 % im Jahr 2007 auch hier deutlich erhöht. War der Anteil am Gesamteinkommen im Jahr 1991 in den Dezilen 1-5 in Ostdeutschland noch um 1,6 Prozentpunkte höher als in Westdeutschland, so lag er im Jahr 2007 mit 12,4 % um 6 Prozentpunkte unterhalb des Wertes in Westdeutschland. In Bezug auf die unteren bis mittleren Einkommensdezile hat sich die Verteilung der Einkommen in Ostdeutschland deutlich ungleicher entwickelt als in Westdeutschland. Eine Erklärung, auf die aber im nächsten Kapitel näher eingegangen wird, ist die Zunahme der Arbeitslosenzahlen in West- und Ostdeutschland, auch wenn Ostdeutschland stärker von dieser Entwicklung betroffen ist, als Westdeutschland.

Als nächstes soll die Entwicklung der Verteilung der äquivalenzgewichteten Haushaltsnettoeinkommen untersucht werden. Da die Höhe dieser Einkommensart Aufschluss darüber gibt, wie viel ein Haushalt tatsächlich zur Verfügung hat, kommt dieser Verteilung eine besondere Bedeutung zu. Auch hier soll zuerst anhand der Tabelle 11 der Grad der Ungleichverteilung mit Hilfe des Gini- und der beiden Theil-Koeffizienten veranschaulicht werden.

Tabelle 11: Verteilung des äquivalenzgewichteten Haushaltsnettoeinkommens anhand ausgewählter Verteilungsmaße

Jahr	äquivalenzgewichtetes Haushaltsnettoeinkommen					
	West-deutschland	Ost-deutschland	West-deutschland	Ost-deutschland	West-deutschland	Ost-deutschland
	Gini-Koeffizient		Theil 0-Koeffizient		Theil 1-Koeffizient	
1991	0,248	0,206	0,104	0,070	0,108	0,070
1995	0,267	0,208	0,126	0,075	0,129	0,076
2000	0,265	0,214	0,122	0,078	0,126	0,079
2005	0,295	0,245	0,152	0,104	0,179	0,104
2007	0,295	0,238	0,149	0,097	0,175	0,096

Quelle: Sachverständigenrat (2009; S. 313); Geänderte Darstellung

Betrachtet man zuerst die Entwicklung des Gini-Koeffizienten in Westdeutschland, so lag er im Jahr 1991 bei 0,248 und ist dann bis zum Jahr 2007 um 0,047 auf 0,295 angestiegen. In Ostdeutschland sieht diese Entwicklung ähnlich aus. Hier lag der Gini-Koeffizient im Jahr 1991 bei 0,206 und ist ebenfalls, wenn auch nur um 0,032, im Zeitverlauf bis zum Jahr 2007 auf 0,238 angestiegen. Diese geringere absolute Zunahme des Gini-Koeffizienten in Ostdeutschland bedeutet, dass das Ausmaß der Ungleichverteilung in Ostdeutschland nicht so stark zugenommen hat wie in Westdeutschland. Aus den kleineren Gini-Koeffizienten in Ostdeutschland verglichen mit Westdeutschland, kann man schließen, dass die äquivalenzgewichteten Haushaltsnettoeinkommen in Ostdeutschland gleicher verteilt sind als in Westdeutschland. Desweiteren ist der Grad der Ungleichverteilung der äquivalenzgewichteten Haushaltsnettoeinkommen deutlich geringer als der Grad der Ungleichverteilung der Marktäquivalenzeinkommen. Ähnlich der Entwicklung des Gini-Koeffizienten haben sich auch die beiden Theil-Koeffizienten entwickelt. Auch sie sind im Zeitverlauf von 1991 bis 2007 leicht angestiegen. Allerdings fällt dieses Ansteigen um ein Vielfaches geringer aus, als das Ansteigen der beiden Theil-Koeffizienten bei der Betrachtung des Marktäquivalenzeinkommens. Der Grad der Ungleichverteilung in West- und Ostdeutschland hat im Zeitverlauf nur sehr gering zugenommen. Aus allen drei Koeffizienten geht hervor, dass das äquivalenzgewichtete Haushaltsnettoeinkommen wesentlich gleicher verteilt ist als das Marktäquivalenzeinkommen. Um die Ergebnisse dieser aggregierten Maße auch auf Haushaltsebene zu verdeutlichen, soll nun anhand Tabelle 12 die Verteilung der äquivalenzgewichteten Haushaltsnettoeinkommen anhand einzelner Dezile betrachtet werden.

Untersucht man die Verteilung des äquivalenzgewichteten Haushaltsnettoeinkommens anhand einzelner Dezile, so fällt auf, dass der Grad der Ungleichverteilung in Westdeutschland, ausgehend vom Jahr 1991 bis zum Jahr 2007, auch hier zugenommen hat. Betrachtet man zum Beispiel die Dezile 1-5, so bezogen im Jahr 1991 die untersten 50 % der Bevölkerung 33 % des Gesamteinkommens, während im Jahr 2007 die untersten 50 % der Bevölkerung nur noch 30,3 % des Gesamteinkommens bezogen. Vergleicht man die Entwicklung des äquivalenzgewichteten Haushaltsnettoeinkommens mit der Entwicklung des Marktäquivalenzeinkommens, so hat sich aber die Verteilung des Marktäquivalenzeinkommens im Zeitverlauf deutlich ungleicher entwickelt (siehe Tabelle 10). Noch deutlicher wird dieser Unterschied, wenn man sich die Entwicklung der Verteilung des äquivalenzgewichteten Haushaltsnettoeinkommens in Ostdeutschland anschaut. Besaßen im Jahr 1991 die untersten 50 % der Bevölkerung 35,8 % des Gesamteinkommens, so waren es im Jahr 2007 noch 33,7 %. Damit liegen diese Werte deutlich über den Werten der Verteilung des Marktäquivalenzeinkommens. Weiterhin fällt auf, dass in Westdeutschland der Grad der Ungleichverteilung im Zeitverlauf stärker zugenommen hat als in Ostdeutschland. Dieser Befund wird noch einmal bestätigt, wenn man einen Blick auf die Dezilverhältnisse des äquivalenzgewichteten Haushaltsnettoeinkommens wirft. So

Tabelle 12: Verteilung der äquivalenzgewichteten Haushaltsnettoeinkommen auf die einzelnen Dezile

Dezile	äquivalenzgewichtetes Haushaltsnettoeinkommen			
	West- deutschland	Ost- deutschland	West- deutschland	Ost- deutschland
	1991		2007	
1. Dezil	4,1	4,8	3,6	4,1
2. Dezil	5,8	6,6	5,2	5,9
3. Dezil	6,8	7,4	6,3	7,0
4. Dezil	7,7	8,1	7,1	7,9
5. Dezil	8,6	8,9	8,1	8,9
1. - 5. Dezil	33,0	35,8	30,3	33,7
6. Dezil	9,5	9,8	9,1	9,8
7. Dezil	10,6	10,7	10,3	10,7
8. Dezil	12,1	11,9	11,7	11,9
9. Dezil	14,1	13,5	14,2	14,1
10. Dezil	20,6	18,4	24,3	19,8

Quelle: Sachverständigenrat (2009; S. 316); Geänderte Darstellung

beschreibt das 90/10-Dezilverhältnis im Jahr 1991 in Westdeutschland, dass die Einkommensschwelle des neunten Dezils um das 2,98-fache über der Einkommensschwelle des ersten Dezils lag. Dieser Wert stieg bis zum Jahr 2007 auf 3,55 an (Sachverständigenrat 2009; S. 316). In Ostdeutschland verhält es sich ähnlich, jedoch fallen diese Werte geringer aus. Lag die Schwelle der Einkommensbezieher im neunten Dezil um das 2,44-fache über der Schwelle der Einkommensbezieher im ersten Dezil, so lag diese im Jahr 2007 bei 2,97. Sowohl in West- als auch in Ostdeutschland, hat sich der Abstand zwischen den Dezilen vergrößert, was mit einer ungleicheren Verteilung der Einkommen einher geht. Ebenso hat sich das Verhältnis vom 90/50- bzw. 50/10-Dezilverhältnis verschlechtert. In Westdeutschland lag dieser Wert im Jahr 1991 bei 1,71 bzw. 1,74, im Jahr 2007 dann bei 1,88 bzw. 1,89. Im Vergleich dazu lagen die Werte dieser Verhältnisse 1991 in Ostdeutschland bei 1,57 bzw. 1,55 und 2007 bei 1,67 bzw. 1,78. Für die Verschlechterung des 90/10- und auch des 50/10-Dezilverhältnisses im Zeitverlauf, dürfte der Rückgang der Tarifbindung sowohl der Beschäftigten als auch der Betriebe verantwortlich sein (siehe Abbildung 2). Ein höherer Grad an Tarifbindung bedeutet hierbei, dass die Lohnhöhe relativ stabil bleibt, während ein Rückgang der Tarifbindung die Lohnhöhe deutlich sinken lässt. Zieht man dieses Einkommensmaß zur Analyse der Verteilung der Einkommen heran, so sind zu beiden Zeitpunkten die Einkommen in Ostdeutschland gleicher verteilt als die Einkommen in Westdeutschland. Grund hierfür ist das Eingreifen des Staates. Aufgrund der höheren Arbeitslosigkeit in Ostdeutschland, beziehen auch mehr Haushalte Arbeitslosengeld II. Da bei dem äquivalenzgewichteten Haushaltsnettoeinkommen unter anderem staatliche Transferleistungen hinzugerechnet werden, ist in Ostdeutschland das Einkommen gerade in den unteren Einkommensbereichen besser verteilt als in Westdeutschland.

Anhand einer Dekomposition der Gesamteinkommen soll jetzt untersucht werden, wie groß der Anteil einzelner Einkommensbestandteile am Gesamteinkommen ist. Dies ist insbesondere deshalb relevant, da hier zum Beispiel die große Bedeutung staatlicher Transferleistungen in Ostdeutschland hervorgehoben wird. Dies begründet nämlich unter anderem die größere Ungleichheit der Marktäquivalenzeinkommen im Vergleich zu den äquivalenzgewichteten Haushaltsnettoeinkommen. Der Sachverständigenrat hat in seinem Bericht eine Dekomposition anhand von Daten des sozioökonomischen Panels vorgenommen. Das Ergebnis soll nun für das Jahr 2007 anhand Abbildung 4 dargestellt werden. Betrachtet man zuerst die Zusammensetzung der Einkommen in Ostdeutschland über alle Dezile hinweg, so fällt auf, dass die Einkommen aus nichtselbständiger Erwerbstätigkeit mit 58 % den größten Anteil am Gesamteinkommen ausmachen. Jedoch haben Einkommen aus Sozialversicherungsrenten mit einem Anteil am Gesamteinkommen von ca. 19 % und staatliche Transferleistungen, wie Arbeitslosengeld II, mit einem Anteil von über 9 % ebenfalls eine große Bedeutung an den Gesamteinkommen der ostdeutschen Bevölkerung (Sachverständigenrat 2009; S. 315). Betrachtet man die Anteile der verschiedenen Einkommensarten über die einzelnen Dezile hinweg, so fällt die große Bedeutung staatlicher Transferleistungen und Sozialversicherungsrenten gerade in den unteren Dezilen auf[7]. So macht der Anteil der staatlichen Transferleistungen im ersten Dezil über 40 % und im zweitenCed Dezil immer noch über 30 % am Gesamteinkommen dieser Bevölkerungsklassen aus. Ähnlich verhält es sich auch mit dem Anteil an Sozialversicherungsrenten. Hier macht ihr Anteil in Ostdeutschland im ersten Dezil über 20 %, im zweiten Dezil ca. 25 % und im 5. Dezil sogar über 30 % am Gesamteinkommen aus. Außerdem nimmt die Bedeutung der nichtselbständigen Erwerbstätigkeit, sowie der selbständigen Erwerbstätigkeit über die einzelnen Dezile hinweg zu. Betrachtet man hingegen die Verteilung der Einkommensarten am Gesamteinkommen in Westdeutschland, so sieht diese Verteilung schon deutlich anders aus. Der Anteil der nichtselbständigen Erwerbstätigkeit am Gesamteinkommen, beträgt hier über alle Dezile hinweg 62 %. Der Anteil der Sozialversicherungsrenten und der staatlichen Transfers machen 12,7 % bzw. 5,8 % am Gesamteinkommen aus (Sachverständigenrat 2009; S. 315). Im Vergleich zu

---

[7]Die Werte der einzelnen Einkommensarten über die einzelnen Dezile, sind geschätzt, da der Sachverständigenrat keine Werte ausgibt.

Ostdeutschland, kommt den Einkommen aus nichtselbständiger Erwerbstätigkeit damit eine größere Bedeutung am Gesamteinkommen zu, während die Bedeutung der Sozialversicherungsrenten und der Einkommen aus staatlichen Transfers am Gesamteinkommen nicht so groß ist.

Abbildung 4: Gesamteinkommen nach Einkommensarten und Dezilen in West- und Ostdeutschland im Jahr 2007

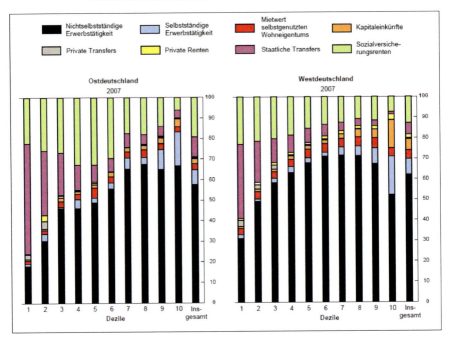

Quelle: Sachverständigenrat (2009; S. 318); Geänderte Darstellung

Sieht man sich wieder die Anteile der verschiedenen Einkommensarten am Gesamteinkommen nach einzelnen Dezilen an, so machen staatliche Transfers im ersten Dezil nur ca. 35 % und im zweiten Dezil ca. 20 % aus. Desweiteren liegt der Anteil der Sozialversicherungsrenten im ersten Dezil bei ca. 22 %, während er im zweiten Dezil noch bei 20 % und im fünften Dezil bei 15 % liegt. Auch hier nimmt die Bedeutung der nichtselbständigen, sowie der selbständigen Erwerbstätigkeit über die einzelnen Dezile hinweg zu.

Aus dieser Dekomposition der Gesamteinkommen bestätigt sich noch einmal, dass den staatlichen Umverteilungsmaßnahmen, wie Arbeitslosengeld II und Renten aus der gesetzlichen Rentenversicherung, eine große Bedeutung zukommt, die jedoch in Ostdeutschland stärker ausgeprägt ist als in Westdeutschland. Die ungünstigere Altersstruktur in Ostdeutschland, verglichen mit Westdeutschland, ist die Ursache dafür, dass die Sozialversicherungsrenten in Ostdeutschland einen höheren Anteil am Gesamteinkommen haben. Zusätzlich haben ostdeutsche Rentner in ihrem Erwerbsleben länger gearbeitet, was die momentan noch höheren Renten in Ostdeutschland erklärt (Sachverständigenrat 2009; S. 315). Dies begründet auch, warum der Anteil der Sozialversicherungsrenten in Ostdeutschland auch im fünften und sechsten Dezil noch sehr hoch ist. Aufgrund der höheren Arbeitslosigkeit in Ostdeutschland, sind zudem auch mehr Haushalte auf Arbeitslosengeld II angewiesen, was den größeren Anteil der staatlichen Transfers am Gesamteinkommen in Ostdeutschland ausmacht (Sachverständigenrat 2009; S. 315).

Neben der Untersuchung der Einkommensverteilung, muss auch analysiert werden, wie hoch die Verweildauern innerhalb der einzelnen Einkommensdezile sind. Denn nur wenn es möglich ist, das Beschäftigte aus einzelnen Dezilen auf- bzw. absteigen, wird sich das auf die Verteilung der Einkommen auch langfristig auswirken (Sachverständigenrat 2009; S. 317). Um die Mobilität darstellen zu können, bedient man sich sogenannter Übergangsmatrizen. Hierzu werden die äquivalenzgewichteten Haushaltsnettoeinkommen herangezogen und die Höhe der einzelnen Einkommensklassen auf das Medianeinkommen bezogen[8]. Das bedeutet, dass sich in der untersten Einkommensklasse, alle Haushalte befinden, die weniger als 50 % des Medianeinkommens und in der zweiten Einkommensklasse alle Haushalte, die 50 bis unter 80 % des Medianeinkommens zur Verfügung haben befinden (Sachverständigenrat 2009; S. 317). Allerdings sind diese Zahlen mit Vorsicht zu genießen, da teilweise die Fallzahlen sehr klein sind (Sachverständigenrat 2009; S. 317). Der Sachverständigenrat hat solch eine Übergangsmatrize entworfen, jedoch sollen hier die Übergangsmatrizen für West- und Ostdeutschland von Geißler, R. (2010; S. 20 ff) für diese Analyse verwendet werden. Diese Matrizen beruhen ebenfalls auf den Daten des Sachverständigenrates, allerdings ist meiner Meinung nach die Darstellung bei Geißler, R. (2010) übersichtlicher und leichter verständlich. Die Mobilität wird hier anhand der Jahreszeiträume von 1992-1995 und 2004-2007 dargestellt (Geißler, R. 2010; S. 20). Betrachtet man zuerst die Mobilität über den ersten Zeitraum in Westdeutschland, so ist diese jeweils an den Rändern relativ gering. So verbleiben über diesen Drei-Jahres-Zeitraum hinweg 40 % der Personen in der untersten Einkommensschicht. In der zweiten Einkommensschicht, sind es sogar 53 %. Allerdings sind 37 % der Personen aus der zweiten Einkommensschicht in höhere Schichten aufgestiegen, während nur 10 % abgestiegen sind. Noch geringer fällt die Mobilität in der Einkom-

---

[8]Bezogen auf das Medianeinkommen, werden hier sieben Einkommensklassen verwendet: <50 %, 50- <80 %, 80- <100 %, 100- <120 %, 120- <150 %, 150- <200 % und >200% (Geißler, R. 2010; S. 20)

mensschicht von 150 - <200 % des Medianeinkommens und in der Einkommensschicht von >200% des Medianeinkommens aus. In diesen Einkommensschichten verweilen 47 % bzw. 59 % der Betroffenen. Allerdings sind in der zweit obersten Einkommensschicht mehr als drei Mal so viele Leute über diesen Drei-Jahres-Zeitraum hinweg abgestiegen wie aufgestiegen. Betrachtet man jetzt zum Vergleich den zweiten Zeitraum von 2004-2007, so hat sich diese eher geringe Mobilität an den Rändern sogar noch verfestigt. In der untersten Einkommensschicht verweilen nach drei Jahren immer noch 47 % und in der zweiten Einkommensschicht sogar 57 %. Allerdings ist auch hier die Tendenz in die nächst höheren Einkommensschichten aufzusteigen mehr als doppelt so hoch, wie abzusteigen. Das Verharrungsvermögen am obersten Rand beläuft sich in diesem Zeitraum auf 69 % bei gleichzeitigem Sinken des Abstiegsrisikos im Vergleich zum ersten Zeitraum. Die Mobilität der mittleren Einkommensschichten haben sich über die zwei Zeiträume dahingehend entwickelt, dass sich die Chance in untere Einkommensschichten abzusteigen erhöht und die Möglichkeit in obere Einkommensschichten aufzusteigen, im Vergleich zum ersten Zeitraum, verringert hat. Schaut man sich die Einkommensmobilität in Ostdeutschland an, so zeigt sich ein anderes Bild, was die Verweildauern an den Rändern anbelangt. Aufgrund zu geringer Fallzahlen sind für den ersten Zeitraum keine Daten für die unterste Schicht vorhanden. Für den zweiten Zeitraum von 2004-2007 beträgt jedoch die Verweildauer in der untersten Schicht nur 35 % und die Aufstiegschance ist höher als in Westdeutschland. Auch in der zweiten Schicht sind die Verweildauern in beiden Zeiträumen mit jeweils 51 % geringer als in Westdeutschland. Gleichzeitig sind auch hier die Aufstiegschancen in Ostdeutschland höher als in Westdeutschland. In der obersten Einkommensschicht verbleiben mit 41 % im ersten Zeitraum und mit 48 % im zweiten Zeitraum deutlich weniger Personen als in Westdeutschland. Das Abstiegsrisiko ist im zweiten Zeitraum sogar mehr als doppelt so hoch wie in Westdeutschland. Ähnlich wie in Westdeutschland sind auch in Ostdeutschland die Aufstiegschancen geringer als die Abstiegsrisiken. Allerdings haben sich in Ostdeutschland die Abstiegsrisiken im Zeitverlauf tendenziell eher erhöht, während sich die Aufstiegschancen teilweise deutlich verringert haben.

3.3 Gründe für die Einkommensungleichverteilung zwischen den alten und den neuen Bundesländern

Es hat sich im vorherigen Abschnitt gezeigt, dass der Grad der Ungleichverteilung der Löhne, sowohl in West- als auch in Ostdeutschland deutlich zugenommen hat. Bei der Betrachtung der Dezilverhältnissen im Zusammenhang mit den äquivalenzgewichteten Haushaltsnettoeinkommen ist aufgefallen, dass dies insbesondere auf die starke Zunahme des 90/10- bzw. 50/10-Dezilverhältnisses im Zeitverlauf zurückzuführen ist und weniger auf die Zunahme des 90/50-Dezilverhältnisses. Dies bedeutet, dass die Ursachen für die Zunahme der Ungleichverteilung im Zeitverlauf hauptsächlich auf Veränderungen in den untersten Einkommensschichten zurückzuführen sind (Saniter, N. 2007; S. 8)[9]. Es muss daher untersucht werden, welche Faktoren ausschlaggebend dafür sind, dass sich die Lohnstruktur vor allem in den unteren Einkommensbereichen im Zeitverlauf verändert hat. Die größte Bedeutung in diesem Zusammenhang dürfte wohl die Zunahme der Arbeitslosigkeit sowohl in West- als auch in Ostdeutschland haben (Sachverständigenrat 2009; S. 315). Anhand von Daten der Bundesagentur für Arbeit (2011a; S. 56) lässt sich erkennen, wie sich die Arbeitslosenquoten in West und Ostdeutschland entwickelt haben. Diese lag in Westdeutschland im Jahr 1994 an allen zivilen Erwerbspersonen bei 8,1 %, ist dann im Zeitverlauf bis zum Jahr 2005 auf 9,9 % angestiegen und lag im Jahr 2010 bei 6,6 %. Betrachtet man die Arbeitslosenquote in Ostdeutschland, so zeigt sich ein ähnliches Bild was die Zunahme bis zum Jahr 2005 angeht, allerdings auf einem deutlich höheren Niveau wie in Westdeutschland. Lag sie im Jahr 1994 bei 14,8 % an allen zivilen Erwerbspersonen, so ist sie fast kontinuierlich bis zum Jahr 2005 auf 18,7 % angestiegen und betrug im Jahr 2010 noch immer 12,0 %. Damit lag die Arbeitslosenquote in Ostdeutschland zu allen Zeitpunkten deutlich über der Arbeitslosenquote in Westdeutschland. Nach Rukwid, R. (2007; S. 5f) sind insbesondere gering Qualifizierte in besonders hohem Maße von der Zunahme der Arbeitslosigkeit betroffen. Lag die Arbeitslosenquote in Westdeutschland im Jahr 1991 bei Personen ohne Schulabschluss noch bei ca. 13 %[10] an der Gesamtarbeitslosenquote in Westdeutschland, so lag sie im Jahr 2003 bei 21,7 %. In Ostdeutschland ist dieser Anstieg deutlich ausgeprägter. Hier lag die Arbeitslosenquote von gering Qualifizierten im Jahr 1991 bei ca. 31 % und stieg bis zum Jahr 2003 um ca. 20 Prozentpunkte auf 51,2 % an. Ohne näher auf die Zahlen eingehen zu wollen, ist dieser Anstieg der Arbeitslosenquoten bei qualifizierten bzw. hoch qualifizierten Personen, sowohl in West- als auch in Ostdeutschland, deutlich geringer ausgefallen. Auch wenn anhand der Daten der Bundesagentur für Arbeit (2011a; S. 56) zu erkennen gewesen ist, dass sich die Lage am Arbeitsmarkt nach dem Jahr 2005 wieder entspannt hat, so bleiben die gering Qualifizierten gegenüber den höher Qualifizierten die Verlierer dieser Entwicklung. Wie sich bereits in Kapitel 2.4 gezeigt hat, kann man das Qualifikationsniveau anhand verschiedener Leistungsgruppen spezifizieren (vgl. Tabelle 7). Es hatte sich gezeigt, dass der Anteil der Personen, welche in die Leistungsgrup-

---

[9]Da dieses Werk eine Literaturübersicht darstellt, wird im Folgenden immer nur der Autor der Literaturübersicht als Quelle angegeben und nicht die eigentlichen Autoren, deren Ergebnisse in diesem Werk dargestellt wurden

[10]Da hier keine Zahlen für das Jahr 1991 ausgewiesen werden, wurden die Werte anhand dem Verlauf des Graphen abgelesen.

pen 3, 4 und 5 fallen in Ostdeutschland größer ist, als der Anteil in Westdeutschland. Desweiteren steigt mit der Höhe der Leistungsgruppen das verfügbare Einkommen der Personen. Verbindet man diese Tatsache mit der Entwicklung der Arbeitslosenquoten in West- und Ostdeutschland, insbesondere derjenigen der gering qualifizierten Personen, so ist die höhere Arbeitslosenquote in Ostdeutschland im Vergleich zu Westdeutschland für die ungleichere Verteilung der Löhne in Ostdeutschland verantwortlich. Allerdings trifft dieses Ergebnis nur für die Entwicklung der Marktäquivalenzeinkommen im Zeitverlauf zu. Anders als bei dem äquivalenzgewichteten Haushaltsnettoeinkommen, zählen hier keine staatlichen Transferzahlungen, zum Beispiel in Form von Arbeitslosengeld II, hinzu. Da man diese staatlichen Umverteilungsmaßnahmen aber berücksichtigen muss, will man eine realitätsnahe Verteilung abbilden, so ändert sich das Bild der stärkeren Ungleichverteilung Ostdeutschlands im Vergleich zu Westdeutschland. Wie bereits durch eine Dekompositionsanalyse gezeigt wurde, kommt den staatlichen Transferzahlungen in Ostdeutschland eine wesentliche stärkere Bedeutung zu, als in Westdeutschland. In Verbindung mit den durchschnittlich höheren Renten in Ostdeutschland (Sachverständigenrat 2009; S. 315), kann man anhand der Dezilverhältnisse der äquivalenzgewichteten Haushaltsnettoeinkommen von West- und Ostdeutschland erkennen, dass die Einkommen in Ostdeutschland sowohl im Jahr 1991, als auch im Jahr 2007 gleicher verteilt sind, als in Westdeutschland. Allerdings ist die Zunahme der Arbeitslosigkeit im Zeitverlauf dennoch ein Grund, warum sich auch die äquivalenzgewichteten Haushaltsnettoeinkommen, sowohl in West- als auch in Ostdeutschland seit 1991 ungleicher verteilt haben.

Ein weiterer Grund für die im Zeitverlauf ungleichere Verteilung der äquivalenzgewichteten Haushaltsnettoeinkommen, sowohl in West- als auch in Ostdeutschland, ist der Rückgang der Gewerkschaftsmitglieder (Saniter, N. 2007; S. 24ff). Nach Saniter, N. (2007; S. 24) können Gewerkschaften grundsätzlich sowohl für eine Vergrößerung der Lohnungleichheit, als auch für eine Verringerung der Lohnungleichheit sorgen. Zum einen wäre es ja möglich, dass gewerkschaftsgebundene Arbeitnehmer ein höheres Arbeitseinkommen erzielen als gewerkschaftsungebundene Arbeitnehmer. Andererseits kann eine starke Gewerkschaft dafür sorgen, dass gerade die Löhne in den unteren Einkommensbereichen durch Tarifverträge angehoben werden, was wiederum die Lohndispersion von höheren Löhnen zu geringeren Löhnen verkleinern würde. In der Literatur wird überwiegend von der zweiten Annahme ausgegangen. Will man den Einfluss von Gewerkschaften messen, so bedient man sich des Nettoorganisationsgrades (Saniter, N. 2007; S. 24). Es zeigt sich, dass mit einem abnehmenden Nettoorganisationsgrad auch die Lohnspreizung im Zeitverlauf zugenommen hat. In Saniter, N. (2007; S. 26) ist dieser Befund nur für Westdeutschland abgebildet worden. Allerdings ist der Nettoorganisationsgrad eng mit der Bindung an diverse Tarifverträge gekoppelt. Anhand Abbildung 2 konnte aber gezeigt werden, dass der Grad der Tarifbindung, sowohl in West- als auch in Ostdeutschland deutlich im Zeitverlauf abgenommen hat, woraus man folgern kann, dass der Nettoorganisationsgrad der Gewerkschaften ebenfalls abgenommen hat und somit auch in Ostdeutschland der Zusammenhang zwischen abnehmenden Nettoorganisationsgrad und steigender Lohndispersion besteht. Allerdings besteht immer noch die Möglichkeit, dass der Rückgang der Gewerkschaften als Folge der Lohndispersion verstanden werden kann. Jedoch ist sich die Literatur in Bezug auf die Kausalität einig, dass der Rückgang der Gewerkschaften eine Veränderung der Einkommensverteilung nach sich zieht (Saniter, N. 2007; S. 26). Da Gewerkschaften unter anderem Löhne für die Mitarbeiter aushandeln, die gleichzeitig einen (mindest-)Lohncharakter besitzen, so verwundert es nicht, dass bei einem Bedeutungsverlust der Gewerkschaften, die Lohnhöhe in den unteren Lohnbereichen sinkt und damit der Abstand zu den oben Einkommensbereichen wächst. Da Ostdeutschland von diesem Rückgang stärker betroffen ist als Westdeutschland, erklärt die Variable Nettoorganisationsgrad auch zu einem höheren Grad die ungleichere Verteilung der Einkommen im Zeitverlauf in Ostdeutschland. Ökonometrische Studien belegen, dass der Grad des Rückganges des Nettoorganisationsgrades die Spreizung der Einkommen in West- und Ostdeutschland zu etwa 30 % erklärt (Saniter, N. 2007; S. 38).

4 Fazit und Ausblick

Am Ende dieser Arbeit soll noch einmal die Frage aufgegriffen werden, ob und inwieweit es gelungen ist, das politische Ziel, der Anpassung der Einkommensniveaus der ostdeutschen Bevölkerung an das der westdeutschen Bevölkerung, realisiert werden konnte. Es sind nun mehr als 20 Jahre seit dem Mauerfall vergangen und die Bilanz des Angleichungsprozesses fällt zumindest in den 90er Jahren positiv und ab der Jahrtausendwende nur moderat aus.

Bedingt durch die Wiedervereinigung hatten sich die Löhne von 1991 bis 1995 in Ostdeutschland deutlich erhöht, was dazu geführt hat, dass der Angleichungsprozess in diesem Zeitraum sehr schnell vorangeschritten ist. Ab 1995 hat sich diese Entwicklung deutlich verlangsamt und ab dem Jahr 2000 ist sie dann fast vollständig zum Stillstand gekommen.

Die Gründe für diese Entwicklung sind vielfältig. Zum einen bedingt eine unterschiedliche Branchenstruktur in West- und Ostdeutschland die Niveauunterschiede, zum anderen spielt auch die Größe der Unternehmen, sowie die Art der Tätigkeit innerhalb eines Unternehmens eine bedeutende Rolle. Desweiteren führt die Abnahme der Tarifbindung, sowohl der Betriebe als auch der Unternehmen dazu, dass sich die Anpassung der Löhne im Zeitverlauf verlangsamt hat.

Bei der Betrachtung der Einkommensverteilung hat sich gezeigt, dass die Armen im Zeitverlauf ärmer geworden sind und die Reichen reicher. Dies gilt sowohl für West- als auch für Ostdeutschland, wie die Einkommensverteilung nach Dezilen bzw. Dezilverhältnissen und eine Analyse der Verweildauern innerhalb der einzelnen Einkommensklassen gezeigt hat. Die Gründe für diese Entwicklung bestehen zum einen in der hohen Arbeitslosigkeit geringfügig Beschäftigter, als auch in dem Bedeutungsverlust der Gewerkschaften, sowohl in West- als auch in Ostdeutschland.

Die in dieser Arbeit verwendete Literatur stellt nur einen kleinen Teil des großen Angebotes an wissenschaftlichen Arbeiten zu diesem Themengebiet dar. Viele Autoren haben das 20 jährige Jubiläum des Mauerfalls als Anlass genommen, sich die Entwicklung des Angleichungsprozesses der Einkommen näher zu betrachten. Insbesondere zur Entwicklung des Einkommensniveaus existieren sowohl von Seiten des Statistischen Bundesamtes, als auch des WSI umfangreiche Daten, die eigene Darstellungen und Auswertungen ermöglichen. Leider stehen Datensätze, die die Entwicklung der Einkommensverteilung beinhalten, nicht zur freien Verfügung, so dass in diesen Bereichen verstärkt auf vorhandene Literatur zurückgegriffen werden muss.

Um den Angleichungsprozess weiter voranzutreiben und die Verteilung der Einkommen gleicher zu gestalten, besteht allerdings dringender Handlungsbedarf seitens der Politik. Zum einen müsste die Arbeitslosigkeit deutlich gesenkt werden und es müssten gerade gering Qualifizierten Anreize geboten werden überhaupt eine Arbeit aufzunehmen, da diese den überwiegenden Anteil an der Gesamtarbeitslosenquote, insbesondere in Ostdeutschland, ausmachen. Desweiteren sollten gerade größeren Unternehmen durch Subventionen Anreize geboten werden, ihre Standorte vermehrt in den Osten Deutschlands zu verlagern. Zusätzlich sollte mehr Geld für Bildung und Ausbildung ausgegeben werden, da nur so einem drohenden Fachkräftemangel, speziell in Ostdeutschland, entgegengewirkt werden kann. Falls es der Politik gelingen sollte, gerade in diesen Bereichen etwas zu verändern, dann besteht die Möglichkeit, dass sich auch das Einkommen der Ostdeutschen weiter an das Einkommen der Westdeutschen annähern kann. Die bisherige Entwicklung im Zeitverlauf hat jedoch gezeigt, das es in Zukunft aber wohl eher nicht zu einer weiteren merklichen Angleichung der Einkommen kommen wird.

Literatur

Bäcker, G. / Jansen, A., 2009: Analyse zur Entwicklung der Bruttolöhne und -gehälter in Ost- und Westdeutschland. Deutsche Rentenversicherung Bund, Band 84.

Bispinck, R., 2010: 20 Jahre Tarifpolitik in Ostdeutschland. S. 58–105 in: WSI-Tarifhandbuch 2010, Kapitel 5, Wirtschafts- und Sozialwissenschaftliches Institut in der Hans-Böckler-Stiftung (WSI).
URL http://www.matthiasroessler.de/mav/page4/files/WSI.pdf
[10. Juni 2011]

Bundesagentur für Arbeit, 2011a: Arbeitsmarkt in Deutschland - Zeitreihen bis 2010.
URL http://statistik.arbeitsagentur.de/nn_4236/
Statischer-Content/Statistische-Analysen/Analytikreports/
Zentrale-Analytikreports/Jaehrliche-Analytikreports/
Analytikreports-Aktuelles-190511.html [12. Juli 2011]

Bundesagentur für Arbeit, 2011b: Betriebsgrößenklassen (Betriebe und ihre sozialversicherungspflichtig Beschäftigten) - Deutschland.
URL http://statistik.arbeitsagentur.de/nn_31966/SiteGlobals/
Forms/Rubrikensuche/Rubrikensuche_Form.html?view=
processForm&resourceId=210368&input_=&pageLocale=de&topicId=
17386&year_month=aktuell&year_month.GROUP=1&search=Suchen [21. Juni 2011]

Bundesministerium des Innern, 2010: IAB-Betriebspanel Ost - Ergebnisse der fünfzehnten Welle .
URL http://www.bmi.bund.de/SharedDocs/Downloads/BODL/IAB/
panel2010_welle.pdf?__blob=publicationFile [08. Juli 2011]

Geißler, R., 2010: Die Sozialstruktur Deutschlands - Aktuelle Entwicklungen und theoretische Erklärungsmodelle. WISO-Diskurs, Gutachten im Auftrag der Abteilung Wirtschafts- und Sozialpolitik der Friedrich-Ebert-Stiftung .
URL http://library.fes.de/pdf-files/wiso/07619.pdf [06. Juli 2011]

Gerlach, K. / Schmidt, E, 1989: Unternehmensgröße und Entlohnung. S. 355–373 in: Mitteilungen aus der Arbeitsmarkt- und Berufsforschung, Band Jg. 22, H. 3.
URL http://doku.iab.de/mittab/1989/1989_3_MittAB_Gerlach_
Schmidt.pdf [21. Juni 2011]

Gernandt, J. / Pfeiffer, F., 2007: Wage Convergence and Inequality after Unification: (East) Germany in Transition. SOEPpapers 107, Berlin.
URL http://www.diw.de/documents/publikationen/73/85462/diw_sp0107.pdf [21. April 2011]

Goebel, J. / Frick, J. / Grabka, M., 2009: Preisunterschiede mildern Einkommensgefälle zwischen West und Ost. Wochenbericht des DIW Berlin Nr. 51-52: 888–895.
URL http://www.diw.de/documents/publikationen/73/diw_01.c.344928.de/09-51-1.pdf [28. Mai 2011]

Goebel, J. / Krause, P. / Frick, J. / Grabka, M. / Wagner, G., 2010: Eine exemplarische Anwendung der regionalisierten Preisniveau-Daten des BBSR auf die Einkommensverteilung für die Jahre 2005 bis 2008. SOEPpapers 284, DIW Berlin .
URL http://www.diw.de/documents/publikationen/73/diw_01.c.354231.de/diw_sp0284.pdf [10. Juli 2011]

Rukwid, R., 2007: Arbeitslosigkeit und Lohnspreizung - Empirische Befunde zur Arbeitsmarktsituation gering Qualifizierter in Deutschland. Schriftenreihe des Promotionsschwerpunkts Globalisierung und Beschäftigung Nr. 24.
URL http://econstor.eu/bitstream/10419/30371/1/625143094.pdf [11. Juli 2011]

Sachverständigenrat, 2009: Die Zukunft nicht aufs Spiel setzen (Jahresgutachten 2009/2010), Wiesbaden, S. 308-322 .
URL http://www.sachverstaendigenrat-wirtschaft.de/fileadmin/dateiablage/download/gutachten/ga09_ges.pdf [21. April 2011]

Saniter, N., 2007: Lohnspreizung in Deutschland - Eine Literaturübersicht. Institut für Makroökonomie und Konjunkturforschung in der Hans-Böckler-Stiftung (IMK) - Policy Brief .
URL http://www.boeckler.de/pdf/p_imk_pb_11_2007.pdf [08. Juli 2011]

Schnabel, C., 1997: Tariflohnpolitik und Effektivlohnfindung . Peter Lang GmbH - Europäischer Verlag der Wissenschaften, Frankfurt am Main.

Smolny, W., 2004: Der Wiederaufbau nach dem 2. Weltkrieg und die deutsche Vereinigung - Bestandsaufnahme, Vergleich und Schlussfolgerungen für die Wirtschaftspolitik. S. 11–25 in: Fitzenberger, W. / Smolny, W. / Winker, P. (Hg.), Herausforderungen an den Wirtschaftsstandort Deutschland, ZEW Wirtschaftsanalysen, Band 72, Nomos.

URL http://www.mathematik.uni-ulm.de/wipo/forschung/
veroeffentlichungen/wa-dv.pdf [24. Mai 2011]

Statistisches Bundesamt, 2010: Verdienste und Arbeitskosten - Jahresergebnisse, Fachserie 16 Reihe 2.3 .
URL http://www.destatis.de/jetspeed/portal/cms/
Sites/destatis/Internet/DE/Content/Publikationen/
Fachveroeffentlichungen/VerdiensteArbeitskosten/
Arbeitnehmerverdienste/ArbeitnehmerverdiensteJ,templateId=
renderPrint.psml [17. Juni 2011]

Volkswirtschaftliche Gesamtrechnungen der Länder, 2010: Arbeitnehmerentgelt, Bruttolöhne und -gehälter in den Ländern und Ost-West-Großraumregionen Deutschlands 1991 bis 2010.
URL http://www.vgrdl.de/Arbeitskreis_VGR/ergebnisse.asp?
lang=de-DE#LA-ICM [31. Mai 2011]

Wagner, J., 2007: Ausbildung und Einkommen in Ost- und Westdeutschland - Eine empirische Analyse anhand des sozioökonomischen Panels. VDM Verlag Dr. Müller.

Wanger, S., 2008: Jahresarbeitszeit: Das Teilzeitphänomen. S. 28–33 in: Sprunghöhe: Das Beschäftigungsziel immer fest im Blick, Band 2, IAB-Forum.
URL http://doku.iab.de/forum/2008/Forum2-2008_Wanger.pdf [08. Juli 2011]

Wirtschafts- und Sozialwissenschaftliches Institut in der Hans-Böckler-Stiftung (WSI), 2011: Statistisches Taschenbuch Tarifpolitik 2011 .
URL http://www.boeckler.de/16676.html [10. Juni 2011]